Petites Recettes
pratiques

8° V
42085

LES PETITS MANUELS DU FOYER

Chaque volume in-16, couverture *illustrée*, broché . . . . . 2 fr. 50

LA VIE MOINS CHÈRE, par Mme *A. Moll-Weiss.*

NOS MALADES ET NOS CONVALESCENTS A TABLE par Mme *A. Moll-Weiss.*

LA CUISINE simple et à bon marché, par Mme *A. Moll-Weiss.*

LE LINGE : son histoire, sa confection et son entretien, par Mme *A. Moll-Weiss.*

LE VÊTEMENT : son histoire, sa confection et son entretien, par Mme *A. Moll-Weiss.*

LA SANTÉ : Petit Traité d'Hygiène familiale, par le Dr *J. Héricourt.*

FIANÇAILLES ET FIANCÉS, par Mme *Adrienne Cambry.*

L'ENFANT, de sa naissance à la fin de la première enfance, par le Prof^r *Pinard.*

L'HABITATION : Ce que tout *propriétaire* doit savoir, par M. *Georges Roux.*

LE LOGEMENT : Ce que tout *locataire* doit savoir, par M. *Georges Roux.*

L'ART ET LE GOÛT AU FOYER, par Mme *M. Hennequin.*

LA MUSIQUE AU FOYER : Art d'agrément et source de profits, par M. *Arthur Maquaire.*

LA LOI AU FOYER : La Famille, le Patrimoine, par M. *Henri Michel.*

LA CORRESPONDANCE : L'Art d'écrire une lettre suivant l'âge, la situation sociale, les circonstances, par Mme *Adrienne Cambry.*

LE BUDGET FAMILIAL, par M. *Paul Jolis.*

FRAUDES ET FALSIFICATIONS faciles à éviter, par M. *Jacques Léchalet.*

LES CONSERVES DE MÉNAGE, par M. *Jacques Léchalet.*

LA BASSE-COUR : Le Poulailler, le Pigeonnier, le Clapier, par Mme *Laure Desvernays.*

LE JARDIN Fruitier et Potager, par M. *H.-L. Alph. Blanchon.*

PLANTES ET FLEURS à la Maison, par M. *H.-L. Alph. Blanchon.*

LES ANIMAUX D'AGRÉMENT, par Mme *Laure Desvernays.*

LE CHARLATANISME : Les Exploiteurs de la crédulité publique, par M. *B. Renaudet.*

LES TRAVAILLEURS des deux sexes devant les lois du travail et les œuvres sociales, par M. *Maurice Grigaut.*

PETITES RECETTES PRATIQUES, par M. *A. Beaurieux.*

LA POLITESSE : Usages mondains et savoir-vivre, par Mme *E. Charles-Morice.*

LIBRAIRIE ARMAND COLIN

LES PETITS MANUELS DU FOYER

A. BEAURIEUX

Petites Recettes
pratiques

pour se tirer d'affaire
En tout lieu, en toute circonstance

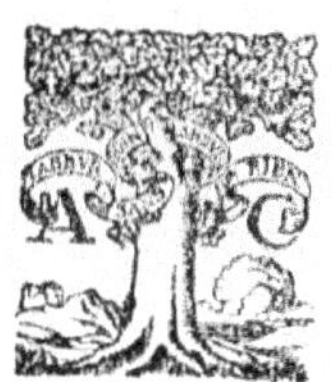

LIBRAIRIE ARMAND COLIN
103, Boulevard Saint-Michel, PARIS

1921

Tous droits de reproduction, de traduction et d'adaptation
réservés pour tous pays

PRÉFACE

Nombreuses sont les occasions, au cours de la vie quotidienne, où ce petit livre permettra de trouver aisément quelque utile indication. Sans doute, chaque ménagère connaît maintes recettes pour les avoir souvent employées avec succès ; et chaque revue familiale, chaque volume d'art domestique, contient de nombreuses petites recettes. Un recueil manquait cependant, qui fût petit pour qu'on le puisse acheter sans grande dépense, aisément mettre en poche, consulter sans perdre de temps en choix difficiles. Le voici !

Nous l'avons écrit après des années d'expériences qui nous permirent de rejeter un grand nombre de recettes impraticables ou trop difficilement applicables. Nous l'avons ordonné après étude approfondie de tous les volumes de recettes, voulant faire autrement et, nous osons dire, mieux que la plupart des compilateurs de telles formules. On y trouvera les recettes classées alphabé-

tiquement, ce qui rend la recherche aisée ; séparées nettement les unes des autres, ce qui facilite le choix ; groupées en familles naturelles, ce qui nous permit de les compléter d'indications générales propres à faire éviter les insuccès.

Toutefois, pour éviter sûrement de tels accidents, voici quelques bons conseils qu'il faudra utiliser dans tous les cas. Avant d'appliquer une recette en grand et de façon définitive, l'essayer en petit, de telle sorte que, s'il y a surprise, il n'y ait pas accident ! Suivre à la lettre toutes nos indications : quand nous ne mettons pas « environ », avant l'indication d'un poids, c'est qu'il importe de prendre exactement ce poids ; si nous recommandons d'employer de l'eau « distillée », c'est que l'eau ordinaire ne conviendrait pas. A ce point de vue, on doit apporter ses soins à ne pas se tromper dans le vocabulaire des produits chimiques : chlorure de chaux n'a point du tout la même signification que chlorure de calcium, et ni sulfate que sulfite, ni bisulfite qu'hydrosulfite ou qu'hyposulfite !

Remarquons bien : ceci n'est pas un dictionnaire. On n'y trouvera que les mots s'appliquant aux seules recettes pratiques, c'est-à-dire aux produits qu'on peut aisément préparer soi-même, aux procédés que le non-professionnel peut facilement appliquer. Par ailleurs, nous prendrons soin d'indiquer, chaque fois que nécessaire : « Tel produit coûte plus, est de qualité moindre quand on le prépare au lieu de se le procurer dans le commerce. Tel renseignement se trouve dans tel autre volume des Petits Manuels du Foyer. »

Bien que s'appliquant aux choses du vêtement, du jardin, des meubles, les « Recettes » ne font nullement double emploi avec les autres Manuels de la Collection. Au contraire, ce volume complète utilement chacun des autres. Il était rationnel de réunir ensemble toutes les formules concernant les petites manipulations du foyer : le choix en est rendu bien plus facile.

Pour terminer, quelques petites indications générales destinées au lecteur désirant approfondir l'étude de certaines questions. Il est facile, dans ce cas, de consulter d'autres ouvrages plus complets, en particulier ceux-ci :

Les Recettes et Procédés utiles de la Nature, *par A. Chaplet, destinés à l'amateur, avec de précieuses indications pour les insuccès éventuels, le choix des procédés.*

Les Recueils de Recettes Rationnelles, *publiés par J. Michel, monographies complètes, plutôt destinées à l'artisan et au technicien.*

Les Formules, Recettes et Procédés *de L. François s'adressent aux techniciens de toutes sortes : ingénieurs, architectes, chimistes.*

Le Formulaire des spécialités, *par Cerbelaud, est un recueil très copieux de formules* permettant d'imiter toutes les spécialités commerciales de pharmacie et de parfumerie.

Notons enfin, pour l'étude des procédés de lutte contre les parasites, l'ouvrage si remarquable de Paul Noël : Ce que j'ai vu chez les bêtes.

Petites Recettes pratiques

CHAPITRE PREMIER

ALIMENTS ET BOISSONS

Bières.

Voici quelques formules pour préparer des bières de ménage, qui, pour n'avoir pas l'arome des bières véritables, n'en sont pas moins agréables et hygiéniques. Elles ont au surplus l'avantage d'être très bon marché.

D'après M. Vesco, on prépare une excellente bière ménagère en prenant, pour 100 litres d'eau froide, 250 grammes de houblon, 3 kg. 5 de cassonade, 1 demi-litre de vinaigre ordinaire, 8 grammes de fleurs sèches d'oranger.

Laissez macérer le tout pendant trois ou quatre jours, en ayant soin de remuer le mélange avec un bâton soir et matin. Au bout de ce temps, mettez en bouteille et bouchez fortement, car cette bière est très mousseuse.

Le prix de revient s'établit en moyenne à 3 centimes environ par litre.

Autres formules reproduites d'après divers auteurs :

	DORVAULT.	MARCHAND.	DORVAULT.
Eau	10 lit.	11 lit.	40 lit.
Sucre ou cassonade	750 gr.		
Mélasse		3 kil.	1 kil.
Houblon	35 »	250 gr.	20 gr.
Coriandu	6 »		
Gentiane			20 »
Écorce de curaçao	6 »		
Levure de bière	25 »	150 gr.	20 »

On fait bouillir pendant une demi-heure le houblon dans un peu d'eau, on ajoute ensuite les autres aromates, le sucre ou la mélasse, on verse le tout dans un baril et on ajoute la quantité complémentaire d'eau. C'est dans ce liquide refroidi qu'est mise la levure, au préalable délayée dans un peu d'eau. On laisse fermenter jusqu'à ce qu'il ne se produise plus de mousse, on colle et on met en bouteilles.

Boissons hygiéniques.

Les travailleurs des champs, pendant les durs travaux de l'été, les artisans de l'atelier et les ouvriers de l'usine, pour qui les règlements recommandent des distributions de désaltérants, font une grande consommation de boissons économiques. Plutôt que de se servir des « cocos » divers du commerce, faits on ne sait trop comment, il est bon de préparer soi-même des liqueurs fermentées mais très peu alcooliques. Nous donnons ci-après quelques recettes à suivre pour cela ; énonçons d'abord, d'après la *Vie à la Campagne*, les règles générales devant être observées pour préparer ces boissons ainsi que les vins, cidres et bières diverses de fantaisie :

1º Le tonneau doit avoir une contenance dépassant les mesures indiquées d'au moins 10 litres, les divers ingrédients qui constituent la boisson occupant une place notable et la fermentation augmentant le volume du liquide ;

2º Pratiquer à la place de la bonde une ouverture circulaire en carré de 10 à 15 centimètres de diamètre, afin de permettre de verser plus facilement dans le tonneau l'eau et les divers ingrédients qui constituent la préparation de la boisson ;

3º Tenir le tonneau toujours bouché, soit au moyen d'une planche découpée de la taille de l'ouverture, soit plus simplement avec une toile pliée en plusieurs doubles ;

4º Pour soutirer la boisson, avoir soin de tendre sur l'extrémité intérieure du robinet une forte mousseline formant passoire, afin d'éviter que les fruits ou graines n'entrent dans le robinet et ne viennent le boucher ;

5º Un autre système de soutirage est le siphon, ou tube de caoutchouc, de 1 centi-

mètre de diamètre environ et de 1 m. 50 à
2 mètres de longueur. Placez le barillet sur
une table ou sur un tabouret surélevés; intro-
duisez par l'ouverture une des extrémités
du tube de caoutchouc, après l'avoir entor-
tillée d'une mousseline claire formant passoire, et mettez l'autre extrémité du tube dans
la bouteille posée par terre. (Tout le monde
connaît le fonctionnement des siphons basé
sur le principe de l'équilibre des liquides dans
les vases communicants.) Ce procédé a l'avantage d'obtenir une grande limpidité de liquide,
la lie restant immobile au fond du baril ;

6° Ne pas coucher les bouteilles que vous
aurez remplies de ces diverses boissons fermentées. Le travail de la fermentation se
produirait ainsi plus vite et ferait sauter les
bouchons ;

7° Si la chaleur est forte et que vous
ne deviez consommer les bières et piquettes
qu'au bout de quinze jours environ, ficelez les
bouchons, car, après une aussi longue période
de fermentation, les bouteilles pourraient
faire sauter leurs bouchons, même si elles
étaient restées debout ;

8° Ces diverses boissons ne peuvent rester
plus de deux mois sans être consommées ;
au bout de ce temps, elles aigrissent et
deviennent nuisibles à l'estomac.

Piquette de ménage. — Pour 50 litres d'eau,
prenez 2 kilogrammes de pommes sèches,
2 kilogrammes de raisins secs, 1 kilogramme de cassonade, 125 grammes de

baies de genièvre, et, si vous aimez l'amer-
tume du goût de la bière, une petite poignée
de houblon.

Mélangez bien les ingrédients dans l'eau,
laissez macérer pendant huit jours et mettez
en bouteille. Cette boisson est très saine, très
économique, très agréable au goût et très
rafraîchissante. Quand elle est faite avec soin,
elle ressemble au vin blanc mousseux.

Prix de revient :

		FR.	FR.
2 kilogrammes de pommes............	à 1 50 =	3 »
2 — de raisins..............	— 1 90 =	3 80
1 kilogramme de cassonade..........	— 0 60 =	0 60
125 grammes de baies de genièvre....	—	0 40
Total................		7 50

Cela correspond à un prix du litre voisin de
15 centimes.

Boisson au réglisse. — On la prépare avec
10 litres d'eau.

Réglisse..............................	125 gr.
Crème de tartre......................	50 »
Alcool à 20°..........................	500 cc.
Mélilot ou coriande..................	5 gr.

On fait une décoction de réglisse dans de
l'eau ; on ajoute l'infusion aromatique, la solution tartrique et l'alcool, puis on laisse reposer dans un tonneau placé dans une cave où
la température est de 10° à 15°. Il est bon
d'ajouter quelques grammes de levure de
bière délayée dans l'eau pour stimuler la
fermentation. Quand celle-ci se ralentit, on

peut consommer de suite ou mettre en bouteilles.

Chartreuse. — Voir *Liqueurs*.

Cidre. — Voir aussi *Boissons hygiéniques*.

Il ne s'agit pas de préparer le pur jus de pommes qui fait la renommée des Normands, mais d'obtenir des boissons économiques, agréables, hygiéniques et très bon marché, qui imitent le vrai cidre.

Cidre de ménage. — D'après la *Vie à la campagne*, ils coûtent l'un 6 centimes le litre et l'autre deux fois plus. Pour faire le premier, on prend 140 litres d'eau, 2 kilogrammes de pommes sèches, 2 kilogrammes de poires sèches, 2 kilogrammes de mélasse, 1 litre d'eau-de-vie commune. Mélangez le tout avec de l'eau chauffée au moyen d'un ou deux seaux d'eau bouillante et laissez fermenter pendant une huitaine de jours. Au bout de ce temps, mettez en bouteilles bien bouchées et ficelées, si la température est chaude. C'est une boisson très agréable, saine, peu coûteuse et très rafraîchissante. Au début, elle paraît un peu sucrée, mais au bout de quelques jours le goût s'accentue et elle prend du corps et du piquant.

Seconde formule donnant une boisson d'arome plus fin. Pour 100 litres d'eau, prenez : 5 kilogrammes de pommes sèches ; 2 kilogrammes de raisins secs, Samos ou

Malaga ; 250 grammes de baies de genièvre. Mélangez le tout dans le tonneau rempli d'eau et laissez macérer pendant trois jours. Au bout de ce temps, ajoutez un litre d'alcool de betteraves. Laissez encore macérer le tout pendant une huitaine de jours, puis mettez en bouteilles bien bouchées et ficelées.

Cidre de frêne. — 1° Faites bouillir dans un vase couvert 4 à 5 litres d'eau, jetez 100 grammes de feuilles sèches de frêne commun ; laissez infuser une nuit, puis versez à travers un tamis dans une pièce de 120 litres. Les feuilles sont à nouveau épuisées par l'eau bouillante, puis pressées et jetées.

2° Opérez de même en prenant 100 grammes de chicorée à café du commerce.

3° Délayez dans un peu d'eau froide 75 grammes de levure fraîche pressée de commerce, ou de levure de bière des brasseries, et versez dans la pièce, dont le contenu devra être refroidi.

4° Ajoutez au liquide un sirop composé de 7 kilogrammes de sucre, d'une quantité suffisante d'eau ; il pourra être fait à chaud, mais on ne le devra verser qu'après refroidissement.

5° Versez finalement une solution aqueuse froide de 100 grammes d'acide tartrique.

On ajoute alors de l'eau dans la pièce ; on agite, on pose simplement sans l'enfoncer une bande sur le trou et on laisse reposer pendant une dizaine de jours ; la pièce doit être bien pleine, sans vide à la partie supérieure. Après dix jours de repos, on met en bouteilles si on veut une boisson mousseuse, sinon il faut attendre la fin de toute fermentation.

Eau potable.

On sait que fort souvent l'eau de rivière ou de puits contient de mauvais microbes. Autrefois, on s'imaginait qu'elle pouvait être rendue potable par simple filtration ; mais elle est seulement ainsi rendue limpide, ce qui est bien différent. Aussi, à moins de posséder un filtre système Pasteur, doit-on faire subir une désinfection en règle aux eaux susceptibles de contenir des microbes suspects.

On peut pour cela faire bouillir tout simplement le liquide, puis le laisser refroidir. Mais c'est assez incommode. Il est bien plus simple d'employer la purification au permanganate, effectuée par un des procédés que nous allons décrire. Peut-être craindra-t-on d'introduire dans l'eau d'alimentation un produit « chimique », dont l'ingestion ne serait certainement pas à recommander. En réalité, il faut se rendre compte que finalement notre permanganate est absolument détruit ; c'est même en se décomposant qu'il tue les microbes : il ne reste dans l'eau que des traces d'oxydes manganés, poudres minérales insolubles aussi inoffensives que possible !

Voici, selon les cas se présentant en pratique, comment on doit opérer la stérilisation de l'eau par le permanganate.

Désinfection de l'eau par l'iode. — Voici

comme recommande d'opérer M. le pharmacien militaire Allar :

Dans un litre d'eau verser dix gouttes de teinture d'iode ; laisser en contact pendant un quart d'heure, agiter pour bien répartir dans l'ensemble du liquide ; laisser reposer et ajouter dix gouttes d'une solution d'hyposulfite de soude à un quinzième pour décolorer.

Petites quantités d'eau. — M. le pharmacien major Lambert conseille l'emploi d'un mélange de : permanganate de potasse, 60 grammes ; bioxyde de manganèse, 50 grammes ; talc en poudre, 390 grammes ; dont on versera le millième, soit 5 décigrammes, dans un litre d'eau ; on pourra utiliser pour cela une cuiller spéciale contenant la dose voulue pour un litre ou pour la quantité d'eau traitée ; si l'eau est sale ou boueuse ou odorante, on ajoutera deux ou trois fois la dose ordinaire. On laisse le mélange agir pendant 10 minutes au moins ; après quoi, l'on ajoute à l'eau deux gouttes d'une solution réductrice composée d'hyposulfite de soude à saturation dans l'eau, additionnée d'une trace de sous-nitrate de bismuth, ou autant de fois deux gouttes qu'on a employé de doses de poudre. On agite fortement pendant une minute, on laisse déposer, puis on filtre sur un peu de coton hydrophile ou sur un filtre en papier. On obtient ainsi une eau épurée, stérile, incolore et limpide.

Grands réservoirs. — Le procédé suivant convient pour épurer l'eau des bassins servant pour l'alimentation des distributions urbaines. On opère alors ainsi :

Dans un premier bassin de capacité convenable, 100 ou 1 000 litres par exemple, on verse 6 grammes de permanganate de potasse pulvérisé par 100 litres d'eau, et l'on ajoute jusqu'à complète dissolution. Puis, dans un deuxième bassin de même capacité, on place, — toujours pour 100 litres d'eau, — 44 grammes de poudre coagulante ainsi composée : bioxyde de manganèse, 50 grammes ; talc en poudre, 390 grammes, sur laquelle on verse une dizaine de litres d'eau déjà permanganatée ; on laisse reposer 10 minutes au moins, puis on ajoute 6 grammes d'hyposulfite de soude et l'on brasse 2 minutes ; on ajoute une cinquantaine de litres d'eau du premier bassin, on agite 3 minutes ; enfin l'on verse l'eau restant dans le premier bassin et l'on brasse encore 5 minutes ; on laisse déposer 10 minutes. Une demi-heure après, on aura de l'eau claire, transparente et stérile. Le procédé est très bon marché ; il revient à environ 25 centimes par mètre cube d'eau.

Eau de puits. — M. Blarez, le professeur à la Faculté des Sciences de Bordeaux, a proposé pour la purification de l'eau des puits l'emploi d'une poudre composée de :

Permanganate de potasse.............. 25 gr.
Sulfate d'alumine........................ 250 »
Kaolin lavé............................. 725 »

1 kilogramme du produit assure la désinfection de 5 mètres cubes d'eau. On délaie la

dose voulue dans un seau d'eau qu'on descend dans le puits : une fois qu'il baigne dans le liquide, on le fait successivement monter et descendre pour bien brasser l'eau ; au besoin, on agite avec une perche. On laisse ensuite reposer pendant au moins quatre jours.

Filtres. — Voir aussi *Eau*.

Pour obtenir l'eau potable, c'est-à-dire débarrassée des microbes dangereux qu'elle peut contenir, il est indispensable, quand on ne stérilise pas par la chaleur ou les produits chimiques, d'employer un filtre en biscuit de porcelaine. Tous les systèmes à charbon, à papier et à poudres sont inefficaces.

Encore l'appareil à bougies devra-t-il être fréquemment nettoyé : sinon, au bout d'une ou de deux semaines, l'eau cesse d'être désinfectée. Voici comment doit être fait ce nettoyage :

1° Trempez les bougies dans un baquet de bois contenant de l'eau tiède additionnée de 1 à 2 p. 100 de chlorure de chaux pulvérisé, pour désinfecter et amollir les dépôts. — 2° Passez les bougies sous un jet d'eau en les frottant avec une brosse de crin, ce qui détache les impuretés superficielles. — 3° Plongez pendant une demi-heure dans un bain d'eau froide à 10-15 p. 100 de chlorure de chaux (stérilisation parfaite), rincez ensuite à l'eau. — 4° Trempez dans un bain froid d'eau acidulée par 10-15 p. 100 d'acide chlorhydrique, pour dissoudre les divers sédiments calcaires capables d'obturer les pores. Il suffit finalement de rincer à l'eau, de remonter la bougie et de laisser filtrer pendant quelques minutes pour entraîner les dernières traces de réactifs.

Infusions. Leur préparation.

On connaît généralement beaucoup mieux les détails divers de préparation, de composition et de propriété des boissons alcooliques, que les notions correspondantes concernant les infusions. Il y a là une inégalité regrettable : les infusions en effet sont consommées en aussi grande, voire en plus grande quantité que les boissons alcooliques (en Russie, en Chine, en Angleterre, aux États-Unis, par exemple, on boit beaucoup plus de thé que de bière ou de vin) ; et on devrait d'autant mieux connaître leur technologie qu'ils doivent être préparés, ou presque, par chaque consommateur : l'étude rationnelle des procédés d'obtention peut ainsi permettre à tous d'obtenir plus économiquement un meilleur produit.

Avant de passer en revue les modes de fabrication des infusions en général, et les propriétés de chaque genre de breuvage ainsi préparé, il convient de s'élever contre un préjugé généralement répandu en France sur la valeur des infusions. Elles sont presque toujours considérées comme bien inférieures aux diverses boissons alcooliques. Cela tient à ce que le vin, la bière, sont préparés avec une quantité relativement importante de raisin, d'orge, quantité restant presque entièrement dans le produit sous forme liquide ou soluble.

Au contraire, pour préparer un litre de café, de thé, quelques grammes de matières suffisent : encore les neuf dixièmes restent-elles sous forme de résidu inutilisé. Le buveur simpliste en conclut que les infusions ne peuvent valoir grand'chose au point de vue des besoins de l'organisme.

Ce raisonnement est absolument faux. Tous les physiologistes sont d'accord pour affirmer que le constituant essentiellement utile des boissons est l'eau : on pourrait, en conséquence, mettre les infusions au premier rang de toutes. Mais il importe de s'inquiéter du pouvoir stimulant et nourrissant que possèdent les diverses boissons ; et, même à ce point de vue, les infusions soutiennent fort bien la comparaison. En effet, leur sapidité, pour être produite par une bien plus faible dose de substances dissoutes, n'est pour cela pas moins bien prononcée, au contraire ; leur pouvoir stimulant est notablement plus énergique, puisque dû à la présence d'alcaloïdes ; enfin la valeur nourrissante est souvent égale ou supérieure à celle du vin ou de la bière : on sait que le sucre ajouté à l'infusion est de pouvoir alimentaire bien supérieur à celui de l'alcool. Ajoutons que toutes les infusions possèdent deux avantages importants : on peut, par un choix convenable des matières premières employées, les préparer à un prix de revient extrêmement minime ; on est assuré, par cela même qu'on les fabrique soi-même au moment de s'en servir, qu'elles ne furent aucunement adultérées.

La préparation des infusions est en principe tellement simple qu'elle se peut appliquer sans aucun matériel spécial. On sait que les Arabes, par exemple, préparent leur café par simple mélange avec de l'eau bouillante des graines torréfiées et pulvérisées finement, et l'infusion qu'ils obtiennent ainsi est fort goûtée de tous les connaisseurs. Mais, en général, tant pour la commodité de préparation que pour la qualité des produits obtenus, on préfère employer de petits appareils spéciaux. Voici quelques conseils propres à guider pour leur choix.

Ces appareils doivent permettre d'opérer selon certaines règles. Il est nécessaire d'épuiser le produit infusé de la façon la plus parfaite possible, pour l'utiliser complètement. Mais, d'autre part, il faut, ce qui limite l'application du principe précédent, ne pas dissoudre certains produits susceptibles de donner mauvais goût à l'infusion. On doit pouvoir effectuer l'opération assez rapidement : 1° pour éviter la dissolution des matières altérant l'arome ; 2° pour que les produits volatiles ou altérables du bouquet ne disparaissent pas ; 3° pour qu'il ne puisse y avoir altération au contact des parois métalliques. Notons, du reste, que la rapidité ajoute à la commodité. On obtient cette rapidité et le pouvoir dissolvant en faisant agir l'eau bouillante sur les matières qui, en vue des mêmes effets à produire, sont réduites en très menus fragments.

Cette division, obtenue naturellement quand il s'agit de feuilles, de pétales de fleurs, est effectuée dans d'autres cas avec des instruments broyeurs divers. Nous ne nous inquiéterons, de peur d'être entraîné à dépasser les limites du cadre de notre étude, ni de ces appareils, ni des traitements divers de préparation tels que torréfaction pour transformer les produits végétaux en dérivés plus aromatiques et rapides.

Deux procédés simples s'offrent pour préparer les infusions : on peut mélanger l'eau chaude à la matière première, puis tamiser au moment de la consommation ; on peut placer la matière sur un tamis et l'arroser d'eau bouillante.

La première méthode est préférée pour le thé : les feuilles sèches concassées sont placées dans une théière de métal. On arrose d'eau bouillante, on recouvre aussitôt, et, après quelques instants, on verse dans les tasses le liquide qu'un petit tamis sépare des résidus épuisés. Ce tamis est placé soit à la sortie du jet, soit à l'intérieur de la panse. Quand on ne consomme pas immédiatement le thé ainsi préparé, l'épuisement du résidu se complète et, outre les matières aromatiques, il entre en dissolution du tanin par exemple, ce qui donne au thé un goût âcre. Pour obvier à cet inconvénient, on

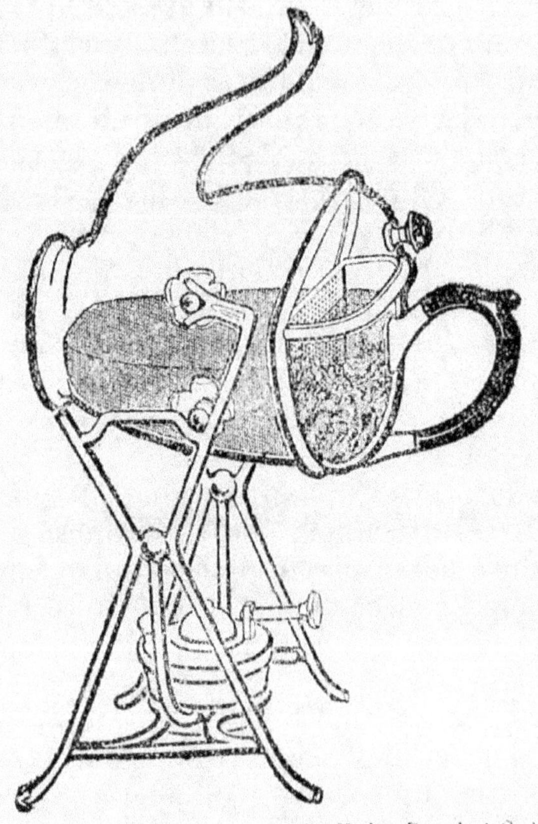

Fig. 1. — Théière Kirby.

Pendant l'infusion, la théière est renversée pour que le thé baigne dans l'eau chaude.

a créé des théières spéciales, telles que celle de Kirby (fig. 1 et 2), dans laquelle le tamis est fixé de telle manière qu'il suffise de relever l'appareil, après un temps de contact convenable, pour séparer le résidu de l'infusion, qui conserve ainsi toute la finesse de son arome. La plupart des infusions, surtout consommées à cause de leurs propriétés

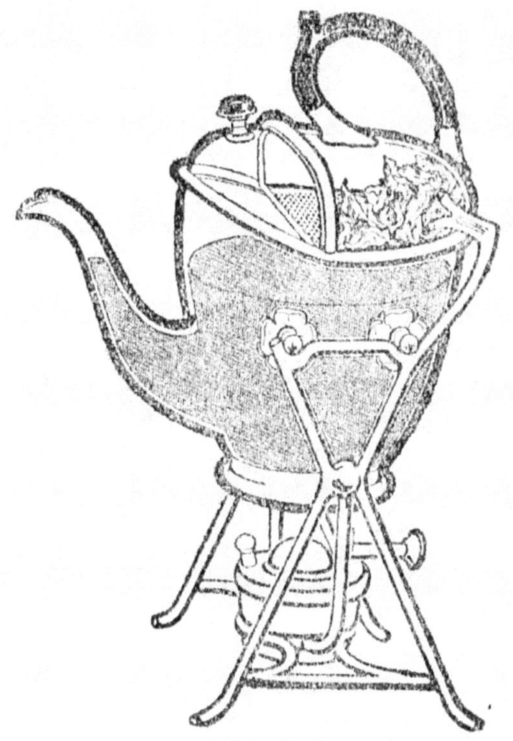

(Cliché Kirby, Beard et Cⁱᵉ.)

Fig. 2. — Théière Kirby.

Après l'infusion, la théière est redressée pour éviter la solution des matières âcres du thé.

médicinales, se préparent comme le thé.

Pour le café, au contraire, on emploie généralement le mode d'extraction par lavage : la matière ainsi soumise à l'action d'eau sans cesse renouvelée cède mieux les composés solubles qu'elle contient. La cafetière la plus simple, — et la plus communément employée, — se compose d'un vase au-dessus duquel se trouve un tamis renfermant la poudre de café ; le tamis comporte une cloison mobile perforée qui maintient la couche de café et la sépare de l'eau bouillante qu'on jette dessus. Sous une de ses formes maintenant très appréciée, c'est la mono-cafetière qu'on place au-dessus de chaque verre : cela permet de ne préparer le café que juste au moment de l'emploi, de façon à le consommer avec tout son arome.

La nécessité de faire bouillir l'eau dans un vase spécial, ce qui est parfois assez incommode, a provoqué divers perfectionnements dans la confection des appareils pour préparer le café. Les cafetières dites « russes » comportent un vase destiné au chauffage de l'eau ; quand elle est bouillante, il suffit de faire basculer l'appareil pour que le liquide passe à travers la couche de café et s'accumule dans un autre vase opposé d'où on le verse.

Un tel dispositif nécessite encore une manœuvre, à la vérité très facile, mais qui demande une certaine surveillance pour être exercée au moment opportun. Aussi a-t-on créé des cafetières plus perfectionnées encore à transport automatique du liquide, provoqué par l'ébullition de celui-ci. Il existe quantité de ces cafetières, et il serait fastidieux de décrire chaque système ; nous nous bornerons à exposer le fonctionnement de quelques récents modèles plus perfectionnés.

Le type « Perfecta », par exemple (fig. 3), se

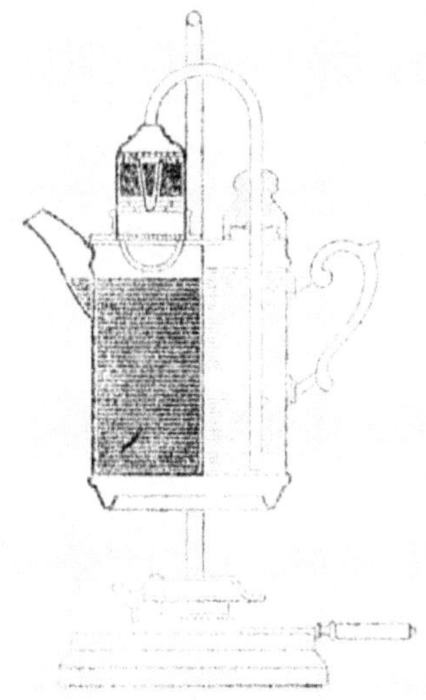

Fig. 3. — Cafetière « Perfecta ».

compose d'un récipient chauffé intérieurement par une lampe à alcool. La chaleur de cette dernière provoque l'ébullition de l'eau contenue dans un compartiment : les bulles de vapeur passent bien par la paroi perforée de droite, mais, ne trouvant pas d'issue en haut, elles compriment le liquide qui s'élève par le tube plongeant au fond, jusqu'au petit filtre contenant le café. L'infusion se rassemble dans un réservoir, d'où on le verse

d'huiles essentielles ou autres produits se trouvant malaisément dans le commerce. Tous les aromates dont nous mentionnons l'emploi peuvent être trouvés chez le pharmacien ou le droguiste.

L'eau employée devra avoir été bouillie, après quoi on la décante : ceci pour éviter que l'addition d'alcool ne produise un trouble. N'importe quel sucre blanc convient : par économie on doit préférer le « cristallisé », d'ailleurs aussi pur que le raffiné. On utilisera l'alcool à 90° extra-neutre, venant de la betterave ou des grains, et ne valant pour cela pas moins que l'alcool de vin. Quant au filtre, employer une chausse de laine plutôt que du papier plissé sur un entonnoir.

Crème d'anis. — Faites infuser pendant une semaine 25 grammes de graines d'anis entières dans un litre d'alcool ; passez à travers un linge, puis ajoutez un sirop composé d'un kilo de sucre dissous à chaud dans un litre d'eau. On laisse reposer pendant quelques jours, puis on filtre s'il y a lieu.

Brou de noix. — Les noix doivent, selon M. Truelle, être vertes et « morveuses », c'est-à-dire posséder un bois très incomplètement formé et une amande laiteuse, état qui existe toujours tant qu'elles peuvent être facilement transpercées par une épingle. Par suite, leur cueillette à l'arbre doit avoir lieu en tenant compte de la maturité des variétés, de la fin juin à la mi-juillet.

En France, on cueille les noix les plus saines ; on pèle le brou ou enveloppe verte. ou bien on ouvre les noix pour enlever l'amande et le bois et ne conserver que la partie verte, que l'on écrase dans un mortier en marbre. Il faut éviter tout objet en fer qui, attaqué par les tannoïdes et les acides contenus dans le brou, communiquerait à celui-ci un goût d'encre caractéristique.

Les écorces écrasées, on les laisse exposées à l'air durant vingt-quatre ou quarante-huit heures, en raison de l'intensité du brunissement désiré, lequel résulte surtout de l'oxydation du tanin. La coloration réalisée, on met la masse pâteuse, selon la quantité en œuvre, dans un ballon en verre, une cruche en grès ou un barillet ; on verse dessus de l'alcool à 85°, dont la proportion généralement admise en France est d'un litre par kilogramme de masse. On mélange intimement et on laisse macérer trois mois environ, quand le tout est placé à la température ordinaire, et deux mois seulement quand cette dernière est assez élevée.

En Allemagne, on prend 24 noix, que l'on coupe en petites rondelles ; on les met dans un flacon avec 15 grammes de cannelle, 8 grammes de clous de girofle et 4 grammes de fleurs de muscadier et 1 litre d'eau-de-vie de vin. On bouche et on expose durant quinze jours à un mois de soleil, en ayant soin d'agiter matin et soir. Au bout de ce temps, on passe à travers une étamine et on ajoute 500 grammes de sucre dissous dans très peu d'eau ; on mélange, on filtre et on met en bouteilles.

Enfin, en Angleterre, on pèse 100 grammes de noix que l'on écrase avec 10 grammes de cannelle, 8 grammes de clous de girofle et 5 grammes de muscade ; on met le tout dans un récipient avec 2 litres et demi d'alcool à 90°. On laisse macérer huit jours, on passe, on ajoute un sirop fait avec 1 500 grammes de sucre pour 2 litres et demi d'eau, on mélange, filtre et conserve en bouteilles.

Bien qu'il soit de règle, à l'étranger, d'associer les aromates aux noix vertes complètes lors de la macération, lorsqu'on veut prendre le brou de noix comme boisson au déjeuner ou dans le cas de pesanteur d'estomac, on préfère celle qui est préparée sans sucre et sans épices.

Chartreuse jaune. — Il s'agit bien entendu non de la liqueur véritable des Chartreux, dont la formule n'est pas exactement connue, mais d'une imitation d'ailleurs très réussie. On la prépare en faisant macérer dans 2 litres d'alcool 4 grammes anis étoilé, 3 grammes racine d'angélique, 2 grammes semence de carvi, 1 gramme semence de fenouil et 1 gramme safran. Au bout de deux ou trois jours, on sépare le liquide du résidu et on édulcore avec un sirop composé de 1 kg. 5 de sucre dissous dans suffi-

samment d'eau pour avoir un volume de
2 litres.

Chartreuse verte. — Elle se prépare comme
la chartreuse jaune en employant :

Anis vert	2 gr.
Mélisse	4 »
Menthe	4 »
Graine d'angélique	5 »
Bourgeons de sapin	4 »
Safran	1 »

Il est bon de mettre moins d'eau dans le
sirop, de manière à se rapprocher de la chartreuse verte véritable, plus alcoolisée que
l'autre.

Curaçao. — Au moment où on mange des
oranges, enlevez au couteau leur zeste, mince
enveloppe jaune surmontant l'épaisse peau
blanche. Faites sécher les zestes, puis met-
tez-les roussir à l'étuve : ils se conservent
indéfiniment en flacons bien bouchés. On en
met 50 grammes à digérer durant une quinzaine de jours dans un litre d'alcool avec
1 gramme de cannelle et autant de clous de
girofle, en remuant fréquemment et laissant
la mixture dans un endroit chauffé. On ajoute
à la solution alcoolique séparée des résidus
un sirop fait avec 250 grammes de sucre et
un demi-litre à un litre d'eau selon la force
alcoolique désirée.

Genièvre. — Faites macérer dans un litre d'alcool pendant quelques jours 100 grammes de baies de genièvre. On mélange l'extrait à un sirop composé de 750 grammes de sucre pour un litre d'eau.

CHAPITRE II

HYGIÈNE

Bains sulfureux.

On obtient un bain sulfureux inodore du même genre que les nombreuses spécialités en opérant ainsi : Mélangez 100 grammes de fleur de soufre et 800 grammes soude Solvay, versez un demi-litre d'eau chaude, triturez et coulez rapidement la pâte en moules, où elle se solidifie assez rapidement. Pour éviter que la masse ne s'effrite à l'air, on doit l'envelopper de papier paraffiné, ou concasser et mettre en flacons.

On obtient des produits agréablement parfumés en ajoutant à la pâte, avant le moulage, de 50 à 100 grammes d'eau de Cologne ou d'un « bouquet » quelconque de l'arome préféré.

Désinfection des bains de Barèges. — **Les** bains sulfureux faits avec des sulfures de potassium ou de calcium pour imiter l'eau des sources de Barèges dégagent une odeur infecte. Aussi est-il parfois nécessaire de les désodoriser avant jetée à l'égout. On y parvient très aisément en ajoutant au contenu d'un bain pour une personne 100 grammes de sulfate de zinc pulvérisé.

Brûlures.

Le plus souvent, on les traite par application de confitures, de compresses d'eau. Cela calme la douleur, mais ne hâte pas la guérison. Voici de meilleurs remèdes.

On les appliquera dans tous les cas sans percer les ampoules, comme on le fait souvent à tort.

Pansement antiseptique. — Appliquer des compresses imbibées d'une solution de 10 grammes environ sel commun dans un litre d'eau bouillie. Renouveler de temps en temps.

Acide picrique. — Appliquez immédiatement sur l'endroit brûlé des compresses tenues constamment mouillées avec une solution de 10 grammes d'acide picrique dans un litre d'eau. La douleur devient de suite moins vive et il ne se forme pas de cloches. A défaut d'acide picrique, on peut employer une solution saturée de chlorate de potasse, mais la mixture est moins efficace. L'acide picrique colore la peau en jaune vif; les taches ainsi formées disparaissent naturellement à la longue, mais on peut les enlever en employant le carbonate de lithine.

Eau de Seltz. — Faute d'avoir sous la main une solution d'acide picrique ou de permanganate de potasse, — ou même quand on ne veut pas se colorer la peau comme le font ces produits, — on peut employer une solution aqueuse d'anhydride carbonique, c'est-à-dire tout bonnement de l'eau de Seltz. Pour traiter une brûlure, faire couler doucement sur la peau le jet du siphon : le produit agit à la fois comme antiseptique et anesthésique. On peut aussi, — car l'action doit être prolongée et parfois il est nécessaire de vider de la sorte plusieurs siphons, — plonger simplement la partie brûlée dans l'eau de Seltz ou employer le liquide en compresses souvent renouvelées.

Cachou.

Pour préparer les petites pastilles désignées sous ce nom et servant à désinfecter l'haleine des fumeurs, on fait fondre au bain-marie 100 grammes extrait de réglisse avec un poids égal d'eau ; on ajoute ensuite 30 grammes cachou pulvérisé et autant de gomme sénégal. Après évaporation jusqu'à consistance pâteuse, on ajoute 2 grammes résine mastic, 2 grammes cascarille, 2 grammes poudre d'iris ; puis, après avoir retiré du feu, 2 grammes essence de menthe anglaise, 5 gouttes teinture de musc et 5 gouttes teinture d'ambre.

Coulez alors sur marbre huilé, laminez à épaisseur d'une pièce de 50 centimes, déshuilez la masse refroidie avec une feuille de papier filtré, humectez avec un peu d'eau, appliquez une feuille d'argent et laissez sécher. On découpe finalement en losanges ou en carrés.

Crème pour la peau.

Il existe en parfumerie une grande quantité de ces mixtures : quoique de composition différente, la plupart se valent.

D'après Cerbelaud, on peut aisément préparer une mixture analogue à la crème Lakmé, par chauffage au bain-marie d'un mélange de :

    Glycérine à 30°........................   37 gr.
    Eau distillée............................. 120 »
    Acide stéarique purifié..................   15 »

On ajoute en remuant 3 grammes de lessive des *savonniers*, simple solution de soude caustique à 36°. On laisse refroidir, puis on réchauffe en battant fortement jusqu'à obtention de la consistance voulue après refroidissement d'une prise d'essai. On parfume en ajoutant un peu de n'importe quelle essence préférée, ou suffisamment d'eau de Cologne, d'extrait pour le mouchoir.

Dentifrices.

Il existe des poudres, des crèmes et des eaux dentifrices. Les poudres sont à préférer pour le détartrage des dents, leurs particules en frottant détachent mieux ces dernières. Tous les produits dentifrices sont essentiellement composés d'antiseptiques et de parfums. Voici quelques formules de spécialités de chaque genre.

Eaux dentifrices. — Une imitation fort bien réussie d'un élixir bien connu peut être obtenue en mélangeant :

```
Salol............................................  50 gr.
Saccharine......................................   5  »
Teinture de vanille.............................   5  »
Essence de menthe..............................  5 à 10  »
Alcool..........................................   1 lit.
```

On agite jusqu'à dissolution complète et on filtre. Pour l'emploi, on verse quelques gouttes dans un verre d'eau.

On pourra de même préparer une eau très en vogue avec un mélange de :

```
Ammoniaque  pure...............................  20 gr.
Ether...........................................   1  »
Teinture de badiane............................  500  »
```

Filtrez et conservez en flacons bouchés à l'émeri. Pour l'emploi, on met une cuillerée à café dans un verre d'eau.

Pâtes, crèmes, opiats dentifrices. — Tous ces produits s'emploient en humectant la brosse à dents mouillée, qui est ensuite promenée sur la denture. Une crème est préparée en mélangeant intimement au mortier :

Craie lévigée	1500 gr.
Glycérine	700 »
Poudre de savon	400 »
Thymol	10 »
Essence de menthe	25 »
— lavande	5 »

Une pâte peut être préparée par malaxage d'un mélange de :

Craie précipitée	600 gr.
Amidon de riz	200 »
Poudre de savon	25 »
— d'iris	20 »
Glycérine	10 »
Sirop concentré de sucre	50 »

On colore en ajoutant pendant le malaxage une solution de 1 gramme carmin dans 2 grammes d'ammoniaque et 8 grammes d'eau. On parfume en ajoutant de même un mélange de 15 grammes essence de menthe, 2 grammes essence d'eucalyptus et 2 grammes d'eugénol. On fluidifie au besoin à l'eau de roses.

Un opiat dentifrice au charbon peut être obtenu en broyant jusqu'à parfaite homogénéité un mélange de :

Charbon de bois	150 gr.
Miel blanc	150 »
Sucre vanillé	150 »
Essence de menthe	1 »

On peut ajouter 50 à 100 grammes poudre de quinquina.

Poudres dentifrices. — On peut se fabri-

quer soi-même une excellente poudre dentifrice en mélangeant 450 grammes de
craie, pulverisée finement, avec 50 grammes
d'iris de Florence en poudre également,
puis 600 grammes de sucre et 450 grammes
de savon blanc de Marseille finement pulvérisé lui aussi. On sait que le savon est
un nettoyant puissant ; il est à remarquer
que la craie pulvérisée agit mécaniquement
et enlève tout ce qui peut se déposer sur
l'émail des dents, sans cependant pouvoir
l'attaquer lui-même.

D'ailleurs, on peut parfumer le dentifrice
ainsi préparé avec un peu d'essence de roses et
de girofle, qui ont une action astringente et
antiseptique précieuse pour les muqueuses
de la bouche.

Une poudre dentifrice, très appréciée, est
composée de :

```
Carbonate de chaux.....................  40 gr.
Magnésie...............................  40  »
Sucre..................................  40  »
Bitartrate de potasse..................  10  »
Essence de menthe......................   1  »
```

Enfin une poudre dentifrice présentant
cette particularité d'être absolument noire
se compose de :

```
Charbon de bois........................ 250 gr.
Poudre de quinquina....................  125  »
Sucre.................................. 250  »
Essence de menthe......................  15  »
    —       cannelle....................   8  »
Teinture d'ambre.......................   2  »
```

Dans tous les cas, les poudres sont préparées en tamisant ensuite chaque élément solide au préalable finement pulvérisé et tamisé. On ajoute ensuite les essences et on remue bien.

Désinfectants.

Désinfection des locaux par le formol. — On emploie sous forme de copieuse pulvérisation sur les murs et sur le plancher par mètre cube d'air dans les pièces un mélange de :

Solution de formol du commerce à 40 pour 10	10 cmc
Eau	2 cmc

qui dégage 4 grammes d'aldéhyde formique.

Désinfection des locaux par le chlore. — C'est en 1797, un siècle avant le plein épanouissement des doctrines pastoriennes, que le célèbre chimiste-magistrat Guyton de Morveau préconisa, pour désinfecter une pièce de 500 mètres cubes, l'emploi d'un mélange de :

Sel marin	300 g .
Bioxyde de manganèse	60 »
Acide sulfurique à 66° B	240 »

Il faut laisser pendant vingt-quatre heures la pièce bien fermée, exposée à l'action des vapeurs de chlore.

Solutions antiseptiques de sublimé. — Au lieu d'employer des solutions normales à la température ordinaire, on peut utiliser des liquides beaucoup plus dilués et légèrement chauffés (de 40° à 45° C.). On les pulvérise contre les murs à désinfecter, on y baigne le linge des malades. Les liqueurs ainsi préparées sont moins coûteuses, moins toxiques et moins malodorantes ; comme l'ont constaté les Drs Richet, Arloing et Chaneau, leur action antiseptique est tout aussi sûre. Une désinfection absolument parfaite fut obtenue avec des doses de sublimé variant de 1 à 7 p. 100 000 ; en s'en tenant au maximum de ces concentrations, on peut être assuré de l'effet stérilisant.

Épilatoire.

Les poudres épilatoires du commerce sont presque toutes à base de sulfure sodique, produit chimique très bon marché. Il est extrêmement avantageux, et sous le rapport du prix et au point de vue commodité de l'emploi, de leur substituer une crème épilatoire préparée ainsi. Faites une colle d'amidon bien homogène avec environ 100 grammes d'eau et quelque 10 grammes d'amidon ; broyez ensuite avec 5 à 10 grammes de monosulfure de sodium. On obtient une crème de consistance analogue à celle de la vaseline. Le tout coûte à peine quelques sous et remplace pour 20 francs d'une des poudres épilatoires du commerce ! L'odeur est désagréable, mais peut être masquée par addition d'un parfum quelconque.

Le cold-cream doit être conservé en godet bien clos. Voici, d'après *la Nature*, comment on doit s'en servir. Au moment de l'emploi, on en charge très légèrement un couteau à papier en bois et on étend sur la peau à épiler (évitez l'emploi de spatules métalliques, pouvant être attaquées, et de pinceaux ou brosses, qui seraient assez rapidement mis hors d'usage). Quelques minutes suffisent pour détruire les poils, qui prennent un aspect vrillé caractéristique : on passe alors le couteau de bois pour râcler mixture et poils, et on lave aussitôt à grande eau. Évitez de préparer ou de manipuler la crème épilatoire avec les doigts : les ongles souffriraient du traitement. Évitez aussi de laisser l'enduit très longtemps sur la peau. En observant toutes ces précautions, aucun danger n'est à craindre ; d'ailleurs, les mixtures épilatoires du commerce sont aussi à base de sulfures alcalins.

Une bonne poudre épilatoire, agissant comme la pâte ci-dessus et devant être employée avec les mêmes précautions, peut être préparée avec :

Monosulfure de sodium..	10 gr.
Chaux vive.........................	10 »
Amidon.............................	20 »

On pulvérise à part chaque produit ; on mélange et on conserve en flacons bien bouchés. Au moment de l'emploi, on ajoute un peu d'eau pour pouvoir délayer à l'état de bouillie épaisse.

Gargarisme contre la fétidité de la bouche.

Solution dans 1 litre d'eau de :

Thymol.. 1 gr.
Borax .... 1 »
Alcool .... 25 »

Elle s'emploie telle que. Au contraire, le liquide suivant, destiné au même usage, se dilue à raison d'une cuillerée à café par verre d'eau.

Acide salicylique....................... 5 gr.
Saccharine................................. 5 »
Bicarbonate de soude................. 5 »
Alcool....................................... 150 »

Cette dernière mixture peut parfaitement être employée comme dentifrice.

Huile de ricin.

Ce purgatif, dont le goût et la consistance sont assez répugnants, peut être pris aisément par l'un des procédés suivants, qui permettent de masquer les défauts.

Il suffit de la prendre dans de la bière bien mousseuse, ou dans une infusion de café, ou mélangée avec un jus d'orange, avec du sirop d'orgeat ou de limon. Se gargariser ensuite avec un peu d'eau additionnée de quelques gouttes de citron ou d'essence de menthe.

Croquer une pastille de menthe donne le même résultat.

Si vous préférez, gargarisez-vous la bouche avec un peu de cognac, de rhum ou de kirsch ; buvez l'huile de ricin délayée dans un peu de café noir et rincez-vous de nouveau la bouche avec un peu d'alcool.

On peut enfin faire une pâte en mélangeant une partie de cacao avec une partie d'huile de ricin et deux parties de sucre. Pétrissez le tout dans un vase chauffé, et vous obtenez une pâte que l'on laissera refroidir avant d'absorber.

Lotions. Shampoings.

Eau de Panama. — Quoique la plus simple des mixtures à nettoyer les cheveux, c'est encore la meilleure. L'eau de savon est excellente aussi, mais produit à la longue une sorte de blondissement des cheveux.

Après avoir mouillé une centaine de grammes d'écorce de quillaya, on concasse en petits morceaux : cela évite de produire une poussière sternutatoire comme quand on opère à sec. On fait macérer pendant une journée dans un litre d'eau environ, on fait bouillir, on passe sur un linge et on lave les cheveux avec le liquide tiède.

Lotion à l'eau de Cologne. — Mélanger 200 grammes sulfo-ricinate d'ammoniaque à 2 800 grammes d'eau ; parfumer avec suffisamment d'eau de Cologne, 50 à 100 grammes

par exemple. Le mélange mousse et nettoie
très bien ; il laisse aux cheveux un léger
brillantage gras, qu'on peut faire disparaître
par lavage à l'eau.

Shampoing. — On fait dissoudre, en
chauffant et en remuant, 50 grammes de
savon noir dans un demi-litre d'eau, on fait
dissoudre d'autre part 20 grammes carbonate
de potasse dans la même quantité d'eau, et
2 grammes terpinéol ou ionone dans 25 grammes glycérine. On mélange toutes les solutions et on filtre s'il y a lieu.

Lut. — Les luts sont des sortes de pâtes
devenant dures et tenaces en se desséchant.
On s'en sert pour recouvrir le bouchon d'un
flacon, par exemple, et pour obtenir une fer-
meture plus solide qu'avec la cire.

Les luts les plus employés se préparent soit
en battant de la chaux éteinte, en poudre, avec
suffisamment de blanc d'œuf pour avoir une
pâte, soit en triturant du silicate de soude en
solution concentrée avec de la craie ou de
l'amiante pulvérisée. Dans l'un et l'autre cas,
on doit employer aussitôt préparation termi-
née, la prise en masse consistante se faisant
assez rapidement.

Pastilles du sérail.

On vend sous ce nom des sortes de petits
cônes dont on allume la pointe redressée, et
qui brûlent lentement sans flamme en pro-

duisant une agréable odeur aromatique. Il fut récemment reconnu que cet usage était d'excellent effet au point de vue hygiénique, les fumées des pastilles du sérail étant très riches en antiseptique d'un haut pouvoir désinfectant : les fumigations parfumées sont donc un excellent moyen de détruire les microbes des habitations. On peut aisément préparer les pastilles en question avec un mélange des produits suivants, préalablement et séparément très bien pulvérisés :

```
Benjoin  ..............................    60  gr.
Baume de tolu.........................     8   »
Santal citrin.........................    15   »
Charbon de peuplier...................   200   »
Nitrate de potasse....................    40   »
```

On malaxe avec suffisamment de mucilage de gomme adragante, c'est-à-dire un mélange mis à macérer pendant une journée de 20 grammes de gomme et 100 grammes d'eau. On façonne en petits cônes mis à sécher.

Pommades.

Les pommades dites à base de graisse d'ours ou de moelle de bœuf ne contiennent presque jamais de telles matières premières, et ne valent d'ailleurs pas moins pour cela. Ce sont des mélanges de corps gras et de parfums avec souvent un peu de colorant, d'antiseptique. Voici quelques formules types :

Pommade philocome. — Composée de :

    Huile d'amandes............................. 2000 gr.
    Cire blanche...............................   300 »
    Essence de bergamote ....   50 »
    —   citron...........................   30 »
    —   lavande..........................   1 »

Pommade contre les gerçures des lèvres. — Mélangez en chauffant au bain-marie :

    Huile d'amandes douces..................... 125 gr.
    Spermaceti.................................   25 »
    Cire blanche...............................   25 »

Colorez avec 25 grammes racine d'orcanette ; parfumez avec 2 grammes essence de laurier et 2 grammes essence d'amandes amères.

Pommade Askinson au camphre. — On la fait avec :

    Axonge..................................... 200 gr.
    Cire.......................................   50 »
    Camphre....................................   50 »
    Essence de lavande.........................   3 »
    —   romarin..........................   3 »

Dans tous les cas, on prépare les pommades en chauffant au bain-marie le mélange des corps gras. La masse homogène est retirée du feu, après quoi on ajoute les essences parfumées et on coule aussitôt en pots.

Poudres dentifrices. — Voir *Dentifrices.*

Poudres pour la toilette.

Sous le nom général de « poudre de riz », on vend toutes sortes de poudres blanches

constituées par de l'amidon, de la fécule, du
talc, du kaolin, du carbonate de chaux, etc.
On peut ajouter de l'oxyde de zinc pour toni-
fier la peau, de la poudre d'iris pour parfumer. L'odeur est donnée généralement en
ajoutant des traces d'essence de fleur ou de
parfums artificiels.

Rien n'est plus facile que de préparer une
poudre parfumée à son odeur favorite : on
arrose de l'amidon avec un peu d'extrait
pour mouchoirs, on laisse sécher à l'air
et à l'ombre, on broie, on ajoute de 10 à
20 grammes d'oxyde de zinc, et on passe au
tamis de soie.

Autre procédé permettant de parfumer la
poudre avec des fleurs, œillets de mai, par
exemple, dont l'arome est très délicat :

Les pétales d'œillets séparés de leur calice
sont mis à sécher un peu ; puis on les place
sur un mince lit d'amidon sec. On recouvre
d'amidon tamisé la couche de fleurs, on place
à nouveau un lit d'œillets et on laisse en contact pendant quelques jours. Il suffit ensuite
de tamiser pour séparer les pétales de la
poudre très bien parfumée et conservée à
l'abri de l'humidité.

Sels pour syncope.

Les sels anglais ou américains que portent
les personnes élégantes dans de jolis petits
flacons, pour s'en servir en cas de forte
émotion, sont vendus généralement très cher

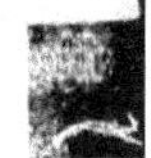

chez le parfumeur. Des analyses faites au laboratoire de *la Nature*, il résulte qu'on peut aisément préparer fort économiquement de tels produits. Ce sont simplement des mélanges de deux genres de substances:

1° Le *support absorbant* : c'est habituellement du sulfate de potasse granulé, qualité très ordinaire vendue chez tous les droguistes 1 fr. 50 le kilo. On pourrait aussi bien employer du verre pilé, du sable, du kieselguhr ou toute autre matière insoluble non décomposable par les acides et capable de retenir par capillarité le liquide d'imbibition. Mais le sulfate de potasse est préféré en raison de son aspect agréable.

Ce support ne s'épuise pas, et, dès qu'après un long usage les sels perdent leur force, il suffit, pour les régénérer, d'ajouter suffisamment de liquide actif pour imprégner les cristaux ;

2° Le *parfum*, si l'on peut nommer ainsi le liquide à odeur piquante et violente employé d'ordinaire. Pour les sels français, c'est d'ordinaire de l'acide acétique cristallisable ; pour les sels anglais, c'est de l'ammoniaque. Certains sels anglais sont entièrement constitués par du carbonate ammoniaque imbibé ou non d'ammoniaque liquide. On ajoute presque toujours au mélange un peu d'une essence parfumée qui rend l'odeur forte moins désagréable. Il est bien inutile de composer une teinture odorante complexe ou d'employer des parfums précieux, la délica-

forme. Leur base est la paraphénilènediamine, produit synthétique dérivé du goudron ; en s'oxydant, elle donne un noir très solide. Une fois le noir formé, les cheveux doivent être lavés avec le plus grand soin.

Voici la formule la plus courante des teintures organiques :

    Paraphénilène...........................   20 gr
    Eau   parfumée..........................   1000 »

Un deuxième flacon contient de l'eau oxygénée pour l'oxydation, et le mode d'emploi détermine la nuance à obtenir.

Par exemple, avec 1 p. 100 d'eau oxygénée mélangée avant emploi, application de 10 minutes, suivie de lavage : blond ; avec 2 p. 100 d'eau oxygénée et application de 20 minutes : châtain, etc.

Quant aux teintures dites *progressives*, vendues sous le nom fallacieux de « régénérateur », et qui, employées chaque jour, font peu à peu brunir les cheveux, il faut les rejeter complètement : elles contiennent des sels de plomb, et, si faibles que soient les quantités de métal absorbées par la peau, il y a réel danger à employer ces sortes de mixtures.

CHAPITRE III

ENTRETIEN ET NETTOYAGE

Animaux naturalisés.

Pour éviter que ces pièces, ainsi que toutes celles de même genre : collection d'insectes, fourrures, etc., ne soient attaquées par les insectes parasites habituels, un bon moyen est, d'après le *Cosmos*, d'employer du tétrachlorure de carbone. Le prix modique de ce liquide est d'environ 1 fr. 25 le kilo ; sa tension de vapeur à froid est assez forte pour qu'on puisse l'employer à la place des liquides facilement inflammables que nous avons signalés. Non dangereux parce qu'il ne brûle pas à l'air, ses propriétés insecticides sont aussi rapides dans leurs effets que le sulfure de carbone. Il suffit alors, pour préserver les collections, de les faire passer tous les ans dans le tétrachlorure de carbone ; ce passage peut se faire sans aucune surveillance, sans aucune précaution particulière.

Une expérience montre que le tétrachlorure est susceptible d'une application pratique. On plaça pendant l'été des fourrures délicates, telles que celles du vison du Canada, dans un haut cylindre en zinc fermé par un couvercle, qui formait un joint étanche pour les insectes, par frottement sur une large surface de velours de coton noir ; ce velours était disposé pour permettre de constater si les larves avaient tenté l'invasion : le velours est resté intact ; ceci nous montre que les vapeurs de chlorure qui imprègnent le velours suffisent à le défendre contre l'attaque des insectes. On peut aussi avoir recours au tétrachlorure de carbone pour conserver les objets en laine, en soie, les plumes, etc., et même sans avoir recours à une caisse spéciale à cet effet. On a pu remarquer que les objets délicats, préservés des insectes par les vapeurs du tétrachlorure, n'ont pas souffert de ce contact ; ni la couleur, ni la consistance, ni les autres propriétés extérieures apparentes n'ont paru modifiées.

Argenterie : nettoyage. — Voir *Bijoux. Brillants pour métaux.*

Bijoux, argenterie : *Nettoyage.*

Mettez, dans une *casserole d'aluminium,* une solution bouillante de carbonate de soude dans l'eau (10 gr. de sel anhydre par litre) ; jetez aussitôt les pièces à nettoyer, attendez un quart d'heure, videz la casserole, sortez les bijoux du bain et rincez-les. L'aluminium résistant mal à ce traitement répété souvent, la casserole se troue : on peut alors y découper des plaques qui tapisseront le fond d'une casserole en porcelaine, laquelle pourra de la sorte servir au nettoyage par le même procédé.

Blanchissage. — Voir *Lessive, Linge, Détachage.*

Boules à détacher.

Très employés autrefois, ces produits le sont moins maintenant depuis qu'on nettoie à la benzine. Pourtant, bien des fois, leur action est plus efficace parce qu'elles contiennent, outre le savon, le jaune d'œuf et autres émulsifs, des graisses, des poudres absorbantes très efficaces. Voici, au sujet de ces poudres, quelques indications permettant de modifier au besoin les formules selon le genre du produit qu'on a sous la main.

Les recettes mentionnent généralement l'emploi de plusieurs produits : fécule, amidon, plâtre, craie, kieselguhr. Certaines de ces substances sont-elles donc plus efficaces que d'autres ?

Des essais faits au Laboratoire de *la Nature*, il résulte que pratiquement tous ces absorbants se valent où à peu près. On pourra donc prendre n'importe quelle poudre meilleur marché ou se trouvant sous la main,

Dans tous les cas, le pouvoir nettoyant est notablement augmenté quand on fait intervenir la chaleur (en passant un fer à repasser sur l'étoffe copieusement saupoudrée, par exemple), ou quand la poudre est mise en pâte avec de la benzine ou un autre dissolvant des matières grasses. On doit, pour obtenir des résultats satisfaisants, faire agir de suite plusieurs fois l'absorbant, rejeté après chaque période de contact : la poudre souillée de crasse doit, en effet, être changée absolument comme le serait un bain de dissolvant sali à l'usage.

Boules argileuses. — Mélangez et faites dissoudre au bain-marie :

```
Alcool......................................... 32 gr.
Savon  blanc................................... 16  »
```

puis ajoutez :

```
Jaune d'œuf.................................... 4 gr.
Essence de térébenthine........................ 8  »
```

On en formera avec de la terre à foulon des boules ou des sortes de savonnettes qu'on laissera sécher.

Boules à la magnésie. — A 160 grammes d'alcool, 320 grammes de savon blanc, dix jaunes d'œufs, 80 grammes d'essence de térébenthine, on incorpore de la magnésie en quantité suffisante pour former une pâte qu'on roule en boules.

Brillants pour métaux.

Les objets métalliques, dont on fait maintenant si grand usage, se salissent souvent à la longue. Il faut les nettoyer. C'est ce qu'on fait en utilisant divers procédés que nous allons passer en revue. On peut distinguer dans leur mode d'action trois façons d'opérer le nettoyage selon le genre des souillures enlevées : 1° Les crasses à base de corps gras fixant *les poussières peuvent être dissoutes ou émulsionnées par les liquides* volatils (benzine, essence de térébenthine, éther, alcool...), des alcalis (ammoniaque, savons, potasse, soude), des émulsifs divers (panama, fiel...) ; 2° les oxydes et sels métalliques recouvrant le métal, voire ce métal lui-même, peuvent être attaqués par des réactifs comme les acides étendus, les sels acides ; 3° enfin, les crasses peuvent être arrachées, avec un peu de métal sous-jacent, par l'action des abrasifs (émeri, tripoli, sable...).

Ceci nous guidera pour le choix des recettes suivantes : si nous voulons éviter toute attaque des pièces à nettoyer, nous prendrons exclusivement des mixtures n'agissant que sur les crasses grasses ; si nous voulons opérer rapidement et énergiquement, nous prendrons des produits acides ; si nous voulons obtenir, sur surfaces lisses, un beau poli, nous choisirons des substances abrasives. En fait, comme nous l'allons constater, on associe très souvent les divers genres de réactifs nettoyants. Les produits composites ainsi préparés selon usage présumé, pour la commodité de tel ou tel emploi, sont amenés sous forme de liquide, de pâte onctueuse, ou de masses genre savonnettes.

Eaux de cuivre. — Voici quelles sont les compositions des eaux de cuivre les plus répandues dans le commerce. Toutes les formules suivantes ne sont pas d'ailleurs pour cela recommandables ; en particulier, on devra, autant que possible, éviter l'emploi des mixtures très acides, qui sans doute nettoient rapidement, mais qui attaquent le métal.

	A	B	C	D	E	F	G
Terre pourrie....	150				30		
Tripoli...........				30		20	70
Acide oxalique...	50	20		30			20
Acide sulfurique.	50		60				
Acide nitrique....						10	
Alcool............				125	30		
Huile.............				15	15		
Alun			8			20	
Eau..............	2000	125	125	1000	250	200	400

La plupart de ces produits se préparent par simple mélange. Le liquide E toutefois, — de qualité supérieure à tous les autres, — est de préparation un peu plus compliquée ; on commence par faire un bain d'eau savonneuse, puis on ajoute le reste. On doit, au moment de l'emploi, agiter fortement de manière à bien émulsionner la masse.

Liquide à polir les métaux. — On mélange

dans un récipient quelconque les produits
suivants :

Terre d'infusoires très fine...............	20 gr.
Pierre ponce pulvérisée..................	6 »
Alcool..................................	5 »
Oléine blanche..........................	5 »
Ammoniaque à 25 p. 100..................	5 »
Eau distillée............................	65 »

On peut ajouter n'importe quel colorant et
un peu de parfum bon marché (mirbane,
essence citron, etc.). On peut remplacer l'o-
léine et l'ammoniaque par une huile soluble
et moins chère.

Pâte pour nettoyer les cuivres. — Cette
pâte, qui fut préparée industriellement, eut
beaucoup de vogue près des consommateurs.
Elle se **compose** de :

Cérésine blanche..... .. ·.............	2 000 gr.
Oléine blonde de saponification	1 000 »
Kieselguhr........................	2 500 »
Lessive de soude caustique à 33 B.... .	10 »
Rose soluble dans les graisses.........	2 »
Essence de verveine....	25 »

Mélangez la lessive et l'oléine, chauffez
doucement en remuant et ajoutez la cérésine :
on incorpore finalement le colorant et la poudre abrasive; on retire du feu et on met le
parfum quand la masse refroidie devient très
pâteuse.

Pâtes à brillanter. — Mélange intime des
doses suivantes :

A

Huile de palme	20 gr.
Essence minérale	30 »
Benzine	30 »
Phosphate de chaux précipité	2 »
Kaolin	5 »
Ocre jaune	3 »
Essence de mirbane	1 »

B

Savon blanc	1 gr
Colcothare	1 »
Noir de fumée	1 »
Emeri extra-fin	2 »
Crème de tartre	3 »
Glycérine	7 »
Essence de térébenthine	1 »

Selon consistance désirée, on peut diminuer un peu ou forcer au contraire la proportion des liquides.

Mixture Cerbelaud pour le nickel. — S'emploie après énergique agitation du flacon pour mettre le dépôt en suspension. Composé de :

Teinture de cochenille	20 gr.
Alcool à brûler	100 »
Ammoniaque	100 »
Tripoli blanc	200 »
Savon blanc pulvérisé	30 »
Essence de mirbane	X g^{tes}
Eau distillée Q. S. pour	1 lit.

Frotter le nickel ou l'argent avec un linge préalablement imbibé de cette solution ; essuyer ensuite avec un linge ou une peau de chamois passée dans du carbonate de chaux.

Liquide pour le nettoyage de l'argenterie
— Faites dissoudre dans un litre d'eau :

Sulfate d'ammoniaque	60	gr.
Sel ammoniac	10	»
Crème de tartre	10	»
Sel marin	10	»
Alun	80	»

On plonge quelque temps les objets à nettoyer dans la solution portée à l'ébullition. Le bain a l'avantage de n'être pas vénéneux, comme le sont ceux contenant du cyanure de potassium.

Brillant pour l'argenterie. — Bien se garder de préparer des mixtures de ce genre d'après formules où on fait mention de cyanures : l'emploi de ce produit est extrêmement dangereux. On obtient d'excellents résultats avec une poudre composée de :

Crème de tartre	20	gr.
Blanc d'Espagne	20	»
Alun	10	»

On pulvérise et on passe à travers un tamis très fin. On conserve en flacon bien bouché, et, au moment de l'emploi, on délaie un peu de poudre dans suffisamment d'eau pour former une bouillie dont on enduit le linge servant à frotter l'argenterie.

Nettoyage des objets en plomb. — Il suffit de les frotter avec un chiffon imbibé d'une dissolution de citrate d'ammoniaque ammoniacal, puis de rincer à l'eau aussitôt.

Le liquide à nettoyer peut être préparé en faisant dissoudre 40 grammes d'acide citrique dans 50 grammes d'ammoniaque à 22° B. Il se conserve indéfiniment, à condition de le placer en flacons bouchés à l'émeri.

Nettoyage de l'aluminium. — On prend une solution chaude à 10 p. 100 de bicarbonate de sodium saturée de chlorure de sodium. Les pièces à nettoyer sont trempées dans cette solution pendant quinze à vingt secondes, retirées et brossées, puis trempées à nouveau pendant une demi-minute pour être ensuite soigneusement rincées à l'eau et enfin séchées dans la sciure de bois. La couleur obtenue par ce traitement est celle de l'argent mat.

Dérouillage du fer et de l'acier. — A. On immerge les pièces à nettoyer dans une solution à peu près saturée de protochlorure d'étain dans l'acide chlorhydrique, laquelle ne doit pas contenir un grand excès d'acide. Après séjour de douze à vingt-quatre heures, on rince les objets à l'eau d'abord, puis à l'eau ammoniacale, puis on les sèche rapidement. Les pièces ainsi traitées ont l'aspect de l'argent mat ; un simple polissage leur rend l'aspect normal.

Le bain de chlorure stanneux se prépare en faisant dissoudre dans de l'acide chlorhydrique ordinaire de l'étain en grenailles, ou, à défaut, des vieux papiers d'étain. On doit le préparer au moment de l'emploi, car le protochlorure formé se décompose spontanément.

Pâtes pour l'entretien des poêles de fonte

et de tôle. — Pour empêcher la mine de plomb ordinaire de se détacher du métal et de tomber en poussière dans les chambres, on peut l'employer sous forme de pâte après malaxage avec 5 à 10 p. 100 de paraffine ou de cire et une quantité convenable d'eau de savon. Il est toutefois plus pratique d'employer une des formules ci-après dans lesquelles le savon, formé au moment de la préparation, enrobe bien plus intimement les particules de graphite.

On fond cire et résine dans d'égales quantités d'eau ; on ajoute avec soin et peu à peu la lessive alcaline. Après avoir laissé bouillir quelque temps, on ajoute le reste de l'eau, puis on incorpore noir de fumée et graphite en malaxant.

Pâte semi-liquide pour faire briller les cuivres. — Préparez en mélangeant intimement :

Tripoli extra-blanc	20 gr.
Acide oléique ordinaire	80 »
Essence de lavande	5 »

On peut ajouter 20 p. 100 d'axonge ou de beurre de coco pour diminuer le prix de revient, un peu de carmin pour colorer en rose.

Les cuivres à nettoyer, s'ils sont très oxydés, seront d'abord décapés avec une solution d'acide oxalique à 52 (ce liquide est un *poison*, éviter d'en absorber, ou le laisser à la portée des enfants). Le brillantage est fait en enduisant d'une légère couche de la mixture grasse, puis frottant fortement avec un chiffon de laine.

Savons pour le polissage des métaux. — On emploie ces savons avec une brosse mouillée, passée alternativement sur le savon et sur le métal à polir ou à dérouiller. Ils se composent d'un savon ordinaire, dissolvant les matières grasses de la surface du métal, de décapants et de poudres abrasives diverses :

Savon de coco...............................	500 gr.
Craie......................................	40 »

A

Alun.......................................	15 gr.
Crème de tartre.............................	15 »
Céruse.....................................	15 »

B

Savon blanc................................	100 gr.
Tripoli.....................................	10 »
Acide tartrique.............................	4 »
Alun.......................................	4 »
Céruse.....................................	3 »

Dans l'un et l'autre cas, le savon est coupé en copeaux, puis dissous dans le moins d'eau possible ; on ajoute au liquide obtenu la solution concentrée des divers sels ; on incorpore facilement à la pâte les matières insolubles et on coule dans des boîtes en bois.

Cirages. Crèmes pour chaussures.

Cirage ordinaire. — Remuez pendant environ une heure un mélange de 100 grammes de mélasse, 2 grammes acide sulfurique : le sucre est décomposé en une masse charbonneuse qui donne de la couleur au cirage. On incorpore en remuant 200 grammes noir d'os, on ajoute 4 p. 100 de soude caustique en lessive concentrée, puis 10 grammes d'une huile bon marché.

Cirage liquide. — En dépit de ce qu'il peut sembler, l'acidité de la mixture ne provoque pas la désagrégation du cuir. On prépare le cirage liquide en mélangeant 25 grammes de mélasse et 25 grammes noir d'ivoire; on incorpore peu à peu 10 grammes d'huile d'olive, puis 6 grammes acide sulfurique mélangé à 50 grammes de vinaigre. On délaye ensuite dans 100 grammes de vinaigre jusqu'à parfaite homogénéité.

Crème pour chaussures. — Faites fondre au bain-marie 50 grammes de cire d'abeilles, de cire de Carnauba ou d'un mélange de ces corps et 20 grammes d'oléine de saponification. On incorpore ensuite au liquide, en agitant, 20 grammes de noir d'os ; on retire du feu, on ajoute 30 grammes de benzine ou de perchlorure d'éthylène. et on remue jusqu'à refroidissement : la pâte obtenue est prête pour l'emploi ; on peut l'obtenir plus ou moins fluide en modifiant la dose du solvant ajouté en dernier lieu,

Comme c'est le cas pour tous les produits semblables du commerce, la crème doit être conservée en récipients toujours bien fermés : sans cela, le solvant s'évapore et la masse se dessèche. Sous ce rapport, les pâtes à base de perchlorure se conservent mieux que celles contenant de la benzine ou de l'essence.

Cirage pour chaussures jaunes. — Il se compose de :

A	Essence de térébenthine	30 gr.
	Huile de ricin	10 »
	Vaseline	40 »
	Cire jaune	40 »
B	Huile de lin	10 gr.
	Curcuma pulvérisé	15 »

Faites dissoudre la cire jaune dans l'essence de térébenthine ; ajoutez ensuite l'huile de ricin et la vaseline. D'autre part, délayez le curcuma dans l'huile de lin. Ajoutez le mélange B au mélange A en remuant constamment la mixture. Passez le cirage obtenu sur le cuir en vous servant d'un linge propre et sec.

Encaustique pour cuir. — Il s'agit d'un de ces cirages durs, vendus en bâtons courts et employés par les militaires pour l'astiquage. On le prépare en fondant au bain-marie :

Colophane	80 gr.
Cire jaune d'abeilles	100 »
Cire de Carnauba	100 »
Noir animal	125 »
Essence de térébenthine	100 »

Pour l'emploi, frottez avec le bâton sur le cuir, étendez bien avec un bouchon ou mieux un bâton de bois à bout arrondi, brûlé et poli; lissez finalement à la brosse ou au chiffon de laine.

Dentelles. Leur nettoyage.

En principe, les dentelles peuvent être nettoyées comme le linge. Mais, quand il s'agit de pièces précieuses, il ne serait guère prudent de les traiter avec chemises et torchons : on risque de les déchirer d'un coup de battoir ou de les brûler avec une goutte d'eau de Javel. Voici comment il convient d'opérer, d'après le *Guide des blanchisseurs* :

Dans un récipient de 30 à 35 centimètres de profondeur, une vulgaire marmite à pot-au-feu, par exemple, on préparera un bain assez épais d'excellent savon neutre, à raison de 20 grammes environ par litre d'eau, contenant déjà en dissolution 5 grammes de carbonate de soude neutre. Pour confectionner ce bain, on fera bouillir environ un quart d'heure l'eau, le savon et le carbonate de soude; puis on laissera ensuite refroidir à la température de la main.

D'autre part, on prendra un litre qu'on nettoiera intérieurement et extérieurement, puis qu'on lestera avec du sable.

Ceci fait, on enroulera à sec et sans serrage la dentelle à nettoyer sur la partie cylindrique, en évitant les plis autant que possible, puis on enfoncera dans le goulot un manche cylindrique en bois du genre d'un manche à balai.

On commencera par essanger dans l'eau froide, en plongnant la bouteille dans un seau d'eau et en la faisant tourner à l'aide du manche dont il a été parlé. Après cet essangeage, on enduira la dentelle d'huile d'olive, et on plongera ensuite la bouteille dans le récipient contenant le bain de savon tiède. Après l'avoir laissé séjourner une heure ou deux, on mettra le bain de savon sur le feu, et, lorsque la température atteindra 80° ou 90°, c'est-à-dire avant ébullition, on roulera entre les paumes des deux mains et dans les deux sens le manche fixé au goulot. De cette façon, on déterminera un mouvement alternatif de rotation de la bouteille qui fera successivement deux ou trois tours dans un sens, puis en sens contraire. Il se produira ainsi sur la dentelle une friction douce contre l'eau de savon mousseuse, et cette friction suffira à déterminer le plus parfait nettoyage. On rincera ensuite à l'eau bouillante en procédant comme pour le savonnage, puis ensuite et de la même façon à l'eau froide, c'est-à-dire sans retirer la dentelle de la bouteille.

Si la pièce était de nuance écrue, on lui redonnera sa couleur en la plongeant dans une infusion de thé dosée suivant la teinte à obtenir. Enfin, après avoir laissé sécher aux deux tiers, on déroulera la dentelle et on la tendra sur un molleton bien blanc à l'aide d'épingles, comme il est pratiqué pour les rideaux.

Bien entendu, il ne sera procédé à aucun repassage, puisque le rétrécissement par séchage produit une tension suffisant à la disparition des faux plis.

Eaux de cuivre. — Voir *Brillants pour métaux.*

Eaux à détacher.

On désigne sous ce nom quantités de mixtures, en général composées de plusieurs ingrédients, qui servent à nettoyer les vêtements des taches de graisse ou de crasses graisseuses. Elles sont généralement inefficaces vis-à-vis des taches de couleur, de suc de fruits, d'encre, de produits chimiques divers. Voici, d'après l'excellent recueil de Hercay : *Nettoyage, détachage, dégraissage,* un choix de formules permettant de préparer soi-même diverses eaux à détacher.

Eaux à détacher du commerce. — Il s'agit non des mixtures véritables, mais d'imitations très ressemblantes. En voici les compositions.

L'Eau écarlate est obtenue avec :

Benzine......................................	40 cmc.
Éther de pétrole.............................	40 »
Essence de bergamote........................	1 gte

Pour avoir un produit ressemblant *Neufaline*, on prend :

```
Benzine...................................  100 cmc.
Éther de pétrole..........................  100  »
Essence de géromien.......................    2 gtes
```

Formule Bellet. — On mélange simplement :

```
Saponine..................................    7 gr.
Alcool....................................   70  »
Eau.......................................  130  »
Benzine...................................  18.0  »
```

Enfin, on ajoute au tout 5 grammes d'essence de mirbane, qui donne au mélange une odeur agréable masquant complètement le parfum de la benzine.

Formule Hammel. — Faites dissoudre 10 grammes de savon dans 100 grammes d'alcool (on peut employer l'alcool dénaturé), et ajoutez la solution au mélange fait au préalable de 650 grammes de tétrachlorure de carbone avec 150 grammes de benzine. Conservez au frais, en flacons bien bouchés. Le mélange de tétrachlorure et de carbone, fort employé pour le nettoyage à sec, est un excellent dissolvant des corps gras ; le savon ajoute à l'action détachante, et l'alcool peut dissoudre certaines impuretés résineuses insolubles dans le seul mélange précédent.

Pour l'emploi, il suffit d'humecter les endroits tachés de l'étoffe à nettoyer, de les brosser ensuite doucement jusqu'à disparition, et de sécher finalement avec un chiffon propre de coton blanc (la couleur d'un tissu de couleur pouvant déteindre).

Encaustiques.

Il est très facile de préparer ces mixtures, et cependant il arrive fréquemment des accidents au cours de l'opération, et en raison de la facile inflammabilité de l'essence employée. On peut éviter tout danger en opérant comme le recommande *la Science pratique*.

Au lieu de faire dissoudre à chaud la cire dans l'essence, on fait fondre à petit feu, dans un récipient en tôle émaillée, la cire jaune seule. Lorsqu'elle est à l'état liquide, on éteint le feu, on laisse refroidir la cire à la température de 50 à 60°, puis on ajoute trois, quatre ou cinq parties d'essence de térébenthine, suivant l'épaisseur que l'on désire donner à l'encaustique.

On ajoute l'essence par petites doses et en remuant constamment avec un morceau de bois. Si, lors du mélange, il se produit des vapeurs blanches, c'est que la cire est trop chaude ; il faut simplement attendre un peu.

Il est essentiel d'éteindre le feu avant d'ajouter l'essence ; les vapeurs produites font des traînées qui peuvent s'enflammer ; c'est une des causes d'accidents fréquents. Si l'on a fait fondre la cire sur un fourneau, il faut emporter le récipient dans une autre pièce pour y ajouter l'essence, et cela goutte à goutte pour commencer.

Un autre moyen de sécurité, encore plus efficace, consiste à remplacer l'essence par une solution alcaline aqueuse, d'ailleurs plus économique. On prend, pour 1 litre d'eau, 25 grammes de cire d'abeilles, 10 grammes de savon noir, 2 ou 3 grammes de carbonate de potasse.

Mettez dans une casserole l'eau, le savon noir et la potasse ; dès que ce mélange est fondu, ajoutez la cire préalablement coupée en petits morceaux.

Remuez jusqu'à complète dissolution, retirez du feu et laissez refroidir.

Au moment de vous en servir, remuez le liquide, étalez-le régulièrement sur le meuble et, dès qu'il est sec, frottez avec un chiffon de laine ou une brosse dure.

Etoffes. — Voir *Tissus*.

Gants.

Mixture pour nettoyage et détachage des gants.

Les gants de tissus sont soumis au même traitement que le linge, les dentelles (Voir *Détachage*, *Blanchissage*). Aussi ne nous occupons-nous ici que des gants de peau. Nous empruntons à l'ouvrage : *Nettoyage, Détachage, Dégraissage, Blanchissage*, par Herçay, les formules suivantes :

Gants blancs. — On les traite avec le mélange suivant, préparé en laissant digérer longuement le savon dans l'eau, puis ajoutant à froid les autres constituants :

```
Savon râpé ..............................  250 gr
Eau de Javel. ...........................  160  ».
Ammoniaque .............................   10  »
Eau ....................................   155  »
```

Et on imprègne de la masse pâteuse ainsi obtenue des morceaux de flanelle blanche bien propre, avec lesquels on frotte les gants jusqu'à disparition de toutes les taches. En raison de la présence d'eau de Javel, le produit ne doit pas être employé pour les gants de couleur.

Gants blancs glacés. — Faites dissoudre du savon blanc dans du lait bouillant; ajoutez par demi-litre de mixture un jaune d'œuf battu et quelques gouttes d'ammoniaque. Les gants à nettoyer sont plongés dans ce liquide, on les lave avec un petit chiffon de laine, on les met sécher à l'ombre.

Gants de couleur. — Trempez dans du lait écrémé l'un des côtés d'une petite éponge et frottez-la sur un morceau de savon blanc de Marseille.

Passez ensuite l'éponge ainsi mouillée sur toutes les parties à nettoyer du gant, lequel doit être maintenu bien tendu. Presser de temps en temps l'éponge pour la rendre plus nette et reprendre une nouvelle quantité de lait ou de savon.

Étendez enfin les gants pour les faire sécher, mais ayez soin de les détirer en tous sens, avant que le séchage soit complet, de manière à assouplir la peau.

Gants de chevreau. — On prend 10 grammes de savon mou, et on fait dissoudre dans 40 grammes d'eau ; on y ajoute un peu d'essence de citron, et on ajoute, en remuant, assez de craie finement pulvérisée pour obtenir une pâte consistante qui sera étendue sur le gant. On laisse un moment en contact, puis on frotte avec une éponge imbibée d'eau tiède.

Graisses pour le cuir.

Les mixtures suivantes, dont nous reproduisons la composition d'après les recettes publiées dans la Revue *le Chimiste*, sont destinées à l'imperméabilisation des chaussures. Dans tous les cas, il importe d'employer ces substances en observant les précautions suivantes :

Pour imperméabiliser les chaussures, il faut qu'elles soient sèches à fond ; on chauffe la quantité de graisse caoutchoutée nécessaire jusqu'à ce qu'elle soit bien fluide, et avec un tampon de laine on imbibe la chaussure. Mais il faut que cette chaussure soit chaude, soit qu'on la place en plein soleil en été, devant le feu ou dans un four, ou dans une boîte en fer-blanc, comme on s'en sert dans les établissements de bains pour chauffer le linge.

Solution de caoutchouc dans l'huile. — Faites dissoudre du caoutchouc naturel, c'est-à-dire non vulcanisé, coupé en petites tranches, et mettez le tout sur le feu dans l'huile de poisson. En prendre 800 grammes environ que l'on ajoute à 1 kg. d'huile de poisson et 400 grammes de cire. On fait fondre la cire dans la solution bouillante. On retire du feu.

Solution de caoutchouc dans le benzol. — On prépare une solution de 10 grammes de caoutchouc dans 100 grammes de benzol, et l'on ajoute 10 grammes d'huile de lin. Le cuir est imprégné ensuite d'un seul côté s'il est mince, sur les deux faces s'il est épais, comme c'est le cas des semelles par exemple. On fait évaporer alors le benzol. On peut remplacer l'huile de lin par d'autres matières de même genre, mais plus consistantes, telles que la cire, la paraffine, etc., en y joignant au besoin un peu de benzine. La pénétration dans le cuir, traité par ce procédé, est améliorée, et ceux de très bas prix peuvent être rendus utilisables.

Graisse caoutchoutée. — On emploie une sorte de graisse composée de :

Huile de baleine	200 gr.
Caoutchouc pur	25 "
Saindoux	225 "
Essence de térébenthine	50 "

Faites dissoudre à chaud le caoutchouc dans l'huile, puis le saindoux, en agitant le mélange. Quand celui-ci est parfait, retirez du feu et ajoutez l'essence en remuant de nouveau. Laissez refroidir. Exposez au feu les chaussures enduites de cette graisse, pour lui faire pénétrer le cuir.

Lessives pour blanchissage.

Au prix où sont ces produits dans le commerce, il est certainement plus avantageux de se les procurer tout faits que de vouloir les préparer soi-même. Il est cependant fort utile d'en connaître la composition, et pour les employer judicieusement, en sachant ce que l'on fait, et pour modifier un peu au besoin l'action en ajoutant tel ou tel constituant. Aussi croyons-nous utile de reproduire, sur les lessives, les intéressants renseignements suivants publiés par M. Rousset dans le *Cosmos*.

Tous les produits lixiviels sont à base de *carbonates alcalins* ; les cendres végétales, par exemple, agissent par les carbonates de soude et de potasse qu'elles contiennent et dont la teneur varie de 10 à 30 p. 100. Les sels de potasse dominent dans les cendres de végétaux terrestres et le carbonate de soude dans celles des plantes marines. Tous deux, d'ailleurs, ont un pouvoir lixiviel égal ; aussi, la potasse étant de prix plus élevé que la soude, emploie-t-on maintenant exclusivement le carbonate sodique. On le trouve dans le commerce, soit à l'état de cristaux hydratés (« carbonade » des épiciers), soit sous forme de poudre anhydre (soude Solvay, Sodex, etc.).

Les cristaux sont obtenus en dissolvant le carbonate anhydre dans l'eau chaude et laissant refroidir ; le produit contient alors environ 63 p. 100 d'eau. On voit quels préjugés ridicules et coûteux ont les consommateurs, puisqu'ils obligent le fabricant à ajouter de l'eau au produit pur, au prix d'une manipulation supplémentaire, pour le rendre plus encombrant, de transport plus onéreux et pour affaiblir ses propriétés. Aussi doit-on toujours préférer au « carbonade » les poudres anhydres, qu'on peut leur substituer dans la proportion des trois dixièmes.

On ajoute souvent, dans les « lessives » préparées du commerce, de la *soude caustique* au carbonate sodique, dans le but d'augmenter leur pouvoir saponifiant. On peut d'ailleurs caustifier directement le carbonate en ajoutant à sa solution, avant de l'évaporer, un peu de chaux ; il se forme du carbonate de chaux insoluble aux dépens de l'acide carbonique combiné à la soude, cette dernière base devenant libre. On prépare ainsi des « sels caustifiés » partiellement, que l'on emploie beaucoup maintenant en blanchisserie industrielle. Encore ne faut-il pas abuser de la soude caustique ; sous l'action de la chaleur et de la pression, ses solutions peuvent en effet dissoudre la cellulose des fibres textiles ; aussi la proportion ne dépasse jamais le cinquième du mélange avec le carbonate. Le *silicate de soude* ou verre soluble exerce aussi une action détersive très vive ; on l'emploie mélangé au carbonate comme dans les « sels silicatés » ou sous forme de mélange plus complexe. Il n'altère aucunement le linge, bien qu'on ait parfois prétendu le contraire.

Linge : Bains d'amidon pour son empesage.

Amidon pour apprêt brillant. — On délaie dans un litre d'eau froide 150 grammes d'amidon de riz et 10 à 15 grammes de borax. On peut ajouter 10 grammes environ de glycérine pour donner plus de mollesse à l'apprêt. Le bain se conserve pendant une semaine : il suffit, au moment de l'emploi, de bien remuer pour mettre en suspension le dépôt.

Apprêt brillant et doux. — Dans un litre d'eau bouillante on met 5 à 10 grammes de stéarine (bouts de bougies par exemple) et une dizaine de grammes de savon blanc en minces râpures. On laisse refroidir un peu en agitant, et, dès que le bain ne brûle plus le doigt qu'on y plonge, 150 grammes d'amidon et 15 grammes de borax sont délayés. Le bain doit être employé chaud.

Apprêt pour linge très raide. — Convient surtout pour cols et manchettes en tissus minces, qu'on veut cependant fortement empeser. Le linge est d'abord plongé dans un bain préparé ainsi : 5 grammes gélatine et 30 grammes amidon sont mis à digérer pendant quelques heures avec 100 grammes d'eau froide ; on ajoute ensuite en remuant 900 grammes d'eau bouillante. Après avoir laissé sécher les pièces imprégnées de la sorte, on les plonge dans un second bain composé par litre d'eau de 225 grammes d'amidon et 230 grammes borax. On laisse sécher incomplètement et on repasse.

Mastic pour parquets.

Nul n'ignore que la poussière est l'un des grands agents des maladies contagieuses. A ce titre, il est imprudent de conserver des vieux parquets disjoints, dans la fente desquels la poussière reste indélogeable. Aussi est-il utile de boucher avec soin les fentes, ce qui, d'après la *Science pratique*, peut s'obtenir assez facilement et économiquement avec le mastic suivant :

Procurez-vous du mastic de fontainier; c'est une substance dure comme de la pierre, que l'on trouve chez tous les droguistes. Faites-en fondre 10 kilos, plus ou moins, selon l'importance de l'opération, au bain-marie. Vous obtenez ainsi une pâte encore assez dure; ajoutez de l'huile de lin en quantité suffisante pour que votre mastic puisse couler facilement. Pour lui donner la couleur de votre parquet, ajoutez un peu d'ocre, de terre d'ombre et de terre de Cassel.

Quand la couleur est obtenue, transportez la masse dans la pièce à traiter, en ayant soin de laisser le récipient dans l'eau bouillante.

Au moyen d'une cuiller à bec, vous puisez dans le mastic et vous emplissez rapidement les fentes, préalablement brossées pour en retirer le plus de poussière possible. Opérez rapidement, car la matière durcit très vite. Si le mastic a débordé un peu, un aide passera vivement le râcloir pour enlever l'excès avant le durcissement. Ce procédé a une grande valeur hygiénique ; il est surtout à recommander quand des personnes atteintes de maladies contagieuses, par exemple un tuberculeux, ont séjourné dans la pièce. Si l'on veut obtenir le meilleur résultat, il faudra faire racler le parquet après le masticage, ce qui égalise à la fois la teinte et la surface. Ce mastic est très dur et a l'avantage de coller les lamelles entre elles.

Pâte pour cuir à rasoir.

Ces mixtures sont à base de matières *abrasives*, c'est-à-dire extrêmement dures, et qui, en frottant sur l'acier, détacheront des parcelles métalliques, ce qui affilera le tranchant. Leur qualité dépend surtout du degré de finesse de ces poudres, dont les particules doivent être extrêmement ténues.

Une pâte de bonne qualité peut être obtenue en faisant chauffer au bain-marie un mélange de :

Cire jaune	10 gr.
Graisse de mouton	20 »
Émeri	10 »
Colcothar	20 »

Le mélange, bien remué, est coulé en tablettes qu'on enveloppe de papier d'étain.

Au cas où l'on n'aurait pas d'encre ou de colcothar en poudres suffisamment fines, il faudrait remuer chaque produit dans un verre d'eau et attendre quelques instants pour que les plus grosses particules se déposent. En décantant alors le liquide trouble surnageant dans un autre verre, on aura là un second dépôt de poudre plus fine qui sera utilisée après séchage. On peut, en décantant plusieurs fois de suite, à courts intervalles, préparer ainsi toute une gamme de poudres de plus en plus ténues.

Pâtes à détacher.

On peut en dire ce que nous indiquions pour les eaux à détacher : elles ne sont efficaces que vis-à-vis des substances graisseuses. En général, l'emploi des liquides est à préférer ; mais, dans certains cas, les pâtes sont plus efficaces à cause des poudres absorbantes qu'ils contiennent.

Savons de benzine. — On fait dissoudre 200 grammes de savon de Marseille dans 95 centimètres d'eau ; on ajoute à la pâte obtenue 800 centimètres cubes de benzine et 50 grammes de graisse de coco. On agite vivement : la masse devient épaisse, la benzine fait corps avec le savon et ne s'en sépare plus que difficilement par évaporation superficielle.

On peut préparer un produit analogue, se conservant très longtemps, et enlevant très bien les taches de cambouis, d'encre d'imprimerie et autres matières grasses, en émulsionnant par agitation un mélange de 450 grammes solution aqueuse concentrée de savon, 500 grammes benzine et 50 grammes graisse animale ou végétale.

Savon au fiel de bœuf. — Incorporez 445 grammes de savon coupé en minces râpures à 900 grammes de fiel ; évaporez le mélange jusqu'à ce qu'une goutte du produit, déposé sur une plaque de verre, se modifie. Ajoutez à la masse chaude, en agitant jusqu'à parfaite homogénéisation : 30 grammes de sucre, 30 grammes de miel, 35 grammes de térébenthine de Venise et 65 grammes d'ammoniaque.

Formule anglaise. — On fait dissoudre, dans 20 grammes d'eau bouillante, 12 grammes de savon blanc dur contenant, autant que possible, une forte proportion d'alcali. On laisse légèrement refroidir la dissolution, puis on y ajoute 3 grammes d'ammoniaque concentrée ; on remue, et l'on additionne peu à peu de 100 grammes de benzine désodorisée. On peut parfumer ensuite à sa convenance.

Formule américaine. — Mettez à dissoudre 165 grammes de bon savon de ménage dans 600 d'eau, en chauffant au bain-marie ; retirez du feu et ajoutez 45 grammes d'ammoniaque en brassant constamment ; addition-

nez encore de 190 grammes benzine et conti-
nuez de brasser jusqu'à ce que le mélange
soit homogène et presque froid. Quand vous
voulez faire disparaître une tache de résine,
de graisse ou d'huile, vous mettez de cette pâte
sur la portion de l'étoffe tachée ; vous attendez environ une demi-heure, puis vous frottez au moyen d'une brosse dure trempée dans
l'eau tiède et rincez.

Pâte à la magnésie. — On mélange à de la
magnésie, préalablement bien desséchée, puis
tamisée finalement, de la benzine, de façon
à obtenir une pâte qui est conservée dans des
flacons hermétiquement bouchés. Pour enlever les taches à l'aide de cette mixture, on en
étend une couche de quelques millimètres
d'épaisseur sur les parties souillées des étoffes.
La graisse, dissoute par la benzine, monte
par capillarité dans la poudre. Après évaporation, qui a lieu très rapidement, on brosse
pour enlever magnésie et matières grasses.

Peintures. — Voir *Petits Travaux pratiques.*

Savon : *Sa fabrication.*

S'il est absolument impossible de préparer
chez soi des produits analogues aux savons de
Marseille, on peut aisément, sans autre matériel qu'une petite lessiveuse débarrassée de son
tube central, fabriquer d'assez bon savon.

Disons de suite que dans la plupart des cas
ce n'est pas très pratique et que, si l'on doit

acheter en détail toutes les matières premières,
le savon fait à la maison coûtera le plus souvent un peu plus cher que celui vendu par
l'épicier! Mais parfois on peut avoir à utiliser de vieille graisse, on peut se procurer
gratuitement de la soude ; naturellement, la
préparation devient alors économique.

Savons blancs. — Les savons faits à la
maison seront préparés par « empâtage » ; ils
ne sont pas aussi détersifs, à poids égal, que
les savons de Marseille ; ils sont rarement neu-
tres. En revanche, ils sont très mousseux, de
belle apparence, faciles à fabriquer, même en
petite quantité, et relativement bon marché.

Le corps gras est généralement à base
d'huile de coco concrète ; les autres huiles
sont le saindoux, le suif, l'huile d'olive, l'huile
d'arachide, de coton, enfin la résine. Ce dernier produit permet au savon de mousser,
même avec des eaux calcaires ou salées.

On prépare à feu doux un mélange composé comme un des suivants par exemple,
selon les ressources du moment, que nous
reproduisons d'après Gatefossé et Vaillant.

I

Huile de coco	50 parties.
Saindoux	10 »
Suif	10 »
Huile de coton	10 »
Huile d'arachide	10 »
Résine claire	10 »

II

Coco	60 parties.
Huile de ricin	40 »

III

Huile de coco......................	20 parties.
Saindoux...........................	40 »
Suif...............................	10 »
Résine.............................	15 »
Oléine.............................	10 »
Huile de coton.....................	5 »

Il n'est pas utile que tous les corps indiqués entrent dans une formule, les uns et les autres se remplacent ou se suppriment sans inconvénient ; on conseille, cependant, de toujours conserver pour base l'huile de coco ou le saindoux et de ne pas dépasser un pourcentage de 15 à 20 p. 100 de résine.

A la masse grasse fondue à feu doux et bien remuée, on ajoute peu à peu en brassant 50 à 55 kilogrammes de lessive de soude caustique à 36° B., puis 25 kilogrammes de silicate de soude à 35° B. On coule finalement en moule la masse épaissie. On peut prendre pour cela une simple caissette en bois.

Savon de Chaptal. — C'est un savon à détacher. Pour le préparer, on fait dissoudre 200 grammes de savon blanc, que l'on commence par râper, dans 100 grammes d'alcool rectifié à 95 degrés. On ajoute au mélange trois jaunes d'œufs délayés dans de l'essence de térébenthine rectifiée. Quand tout est bien amalgamé, on y incorpore de la terre à foulon en poudre aussi fine que possible, jusqu'à une pâte consistante convenable pour faire des savonnettes.

Quand la pâte est bien consistante, on se sert d'un porte-savon pour la mouler et en faire des savonnettes que l'on enveloppe dans du papier d'étain.

Savon liquide anticambouis. — Si bons que soient les savons liquides usuels, ils ne conviennent pas mieux que les savons ordinaires au nettoyage des mains enduites de cambouis, de goudron, etc. On a conseillé pour cet usage l'emploi de mélanges savon-essence de pétrole. Mais il est difficile de préparer de telles mixtures, le savon ne se dissolvant pas dans l'essence.

Voici comment on peut résoudre la difficulté. A 100 grammes de savon noir mis au préalable tiédir près d'une bouche de chaleur ou d'un poêle, on incorpore, selon la fluidité désirée, de 25 à 50 grammes d'un mélange à poids égaux d'alcool dénaturé et d'essence de pétrole. On malaxe jusqu'à parfaite homogénéité, on conserve au frais et en flacons bouchés pour éviter l'évaporation du solvant.

Essence de savon. — On désigne sous ce nom une variété de savon liquide servant pour aromatiser et adoucir l'eau des bains. La préparation se fait en mélangeant :

Eau	200 gr.
Alcool	100 »
Savon blanc râpé	100 »
Carbonate de potasse	5 »
Essence de bergamote	3 »

N'ajoutez essence et alcool qu'après refroidissement, au moment où la masse s'épaissit, les autres constituants étant chauffés au bain-marie pour rendre plus rapide l'homogénéisation.

Shampoing. — Voir *Lotions*.

Serviette pour nettoyer les cuivres.

Les serviettes qu'on trouve chez les droguistes, et qu'il suffit de frotter sur les objets de cuivre pour donner au métal un beau brillant, sont faites avec un tissu ordinaire simplement imprégné d'un liquide ainsi préparé. Délayez environ 20 grammes de savon blanc ordinaire dans 100 grammes d'eau ; ajoutez 10 grammes de tripoli fin et remuez bien. Le chiffon très légèrement tordu est ensuite mis à sécher ; on l'emploie toujours à sec.

Tissus.

Imperméabilisation des effets. — On obtient une imperméabilisation pratiquement suffisante des cotonnades et draperies sans faire perdre aux tissus leur parasite, en employant l'acétate d'alumine. On ajoute 2 à 3 litres d'acétate concentré du commerce à 100 litres d'eau, et on plonge dans le bain les étoffes, les effets qu'on désire imperméabiliser. Après baignade d'une nuit, on sort du bain, on laisse égoutter le liquide qui peut resservir et on fait sécher à l'ombre.

Imperméabilisation des suroits. — Les

vêtements de grosse toile raide que mettent les marins pour se protéger des embruns sont imperméabilisés de la sorte. On imprègne à l'éponge ou au pinceau de l'huile de lin cuite à laquelle on a mélangé 5 p. 100 de terre d'ombre et 10 p. 100 de siccatif liquide. Il faut imprégner juste, sans excès, et on doit enduire les côtés du tissu. On laisse sécher à l'ombre pendant quelques jours, après quoi on renouvelle l'opération.

Imperméabilisation des bâches. — Le tissu étant étalé bien à plat, on le badigeonne avec une solution de 100 grammes sulfate d'albumine, 25 grammes sels Solvay dans un litre d'eau. On applique successivement deux ou trois couches en laissant sécher après chaque opération. Sur le tissu sec, on passe ensuite le pinceau imprégné d'eau de savon épaisse (10 p. 100 de savon blanc) ; on donne une couche copieuse de chaque côté. On rince finalement à l'eau, et on fait sécher à l'air.

Imperméabilisation des tissus minces. — On met 3 grammes de caoutchouc Para dans 987 grammes de benzine (ou de sulfure de carbone, très inflammable) et on ajoute 10 grammes de paraffine ; on fait dissoudre en agitant et on laisse reposer. On plonge l'étoffe dans cette solution, puis on la fait sécher, tendue, à l'air libre.

Incombustibilisation des étoffes. — On imprègne le tissu sec, préalablement nettoyé il y a lieu, avec l'une des solutions suivantes :

Constituants.	Formule Girard	Formule Chaplet	Formule Hérard	Formule Trichi
Eau....................	100	1 000	75	100
Sulfate d'ammoniaque.		13	10	
Phosphate d'ammonia-que.................	10	5		
Silicate de soude......				40
Borax.................		15	5	
Acide borique.........	1	5		

Après avoir enlevé l'excès du liquide du tissu parfaitement imprégné, on fait sécher par exposition à l'ombre.

Vernis.

Dans la plupart des cas, il est réellement plus pratique d'acheter le vernis tout préparé que de le fabriquer soi-même. Néanmoins les vernis à l'alcool sont de préparation relativement facile ; on les obtient en mélangeant les divers constituants additionnés de verre pulvérisé pour diviser la masse des résines ainsi plus facilement dissoutes. Finalement, on filtre ou on décante, le verre pouvant resservir. Voici un choix de formules.

Vernis pour le bois. — On obtient un excellent vernis en mélangeant 60 grammes d'une solution de 80 grammes de gomme kauri dans 100 grammes d'alcool à 90° et

40 grammes d'une solution de 40 grammes gomme-laque en écaille dans 60 grammes d'alcool.

Vernis siccatif pour meubles. — Faire dissoudre par kilogramme d'alcool à 90°.

Sandaraque	180 gr.
Mastic	90 »
Copal tendre	90 »
Térébenthine	75 »

On facilite l'action dissolvante en ajoutant 100 grammes verre pilé, finalement éliminé par filtration.

Vernis pour cuir. — Faites fondre le mélange suivant, en supprimant la nigrosine s'il s'agit de cuirs à couleurs de fantaisie :

Gomme-laque	300 gr.
Térébenthine	30 »
Cire jaune	20 »
Nigrosine	8 »

Puis ajoutez suffisamment d'alcool pour arriver à un litre. On applique sur le cuir sec avec une brosse douce, puis on frotte après dessiccation.

CIRES, COLLES, ENCRES

Cires à cacheter.

Cires à cacheter les lettres. — Bien que
ceci puisse paraître paradoxal, ces produits
ne contiennent pas de cire véritable. Ce sont
des mélanges de résines, qu'on rend moins
cassantes par addition d'une matière grasse
plus ou moins fluide, et qu'on colore par
diverses poudres minérales. La meilleure des
résines de base pour cires à cacheter est la
gomme-laque, qui donne aux cachets de la
finesse et de la fermeté ; on lui ajoute souvent
de la colophane pour abaisser le prix de
revient du mélange, et dans les cires à bas
prix, comme celles destinées à cacheter les
bouteilles par exemple, on supprime même
toute gomme-laque. Les térébenthines servent à donner de la souplesse et du liant ; on
emploie usuellement la térébenthine de Bordeaux, moins chère et aussi bonne que les
autres : c'est tout simplement la résine telle

CHAPITRE IV

CIRES, COLLES, ENCRES

Cires à cacheter.

Cires à cacheter les lettres. — Bien que ceci puisse paraître paradoxal, ces produits ne contiennent pas de cire véritable. Ce sont des mélanges de résines, qu'on rend moins cassantes par addition d'une matière grasse plus ou moins fluide, et qu'on colore par diverses poudres minérales. La meilleure des résines de base pour cires à cacheter est la gomme-laque, qui donne aux cachets de la finesse et de la fermeté ; on lui ajoute souvent de la colophane pour abaisser le prix de revient du mélange, et dans les cires à bas prix, comme celles destinées à cacheter les bouteilles par exemple, on supprime même toute gomme-laque. Les térébenthines servent à donner de la souplesse et du liant ; on emploie usuellement la térébenthine de Bordeaux, moins chère et aussi bonne que les autres : c'est tout simplement la résine telle qu'elle s'écoule des incisions faites aux troncs des pins.

Comme pigment colorant, on emploie le plus souvent le vermillon dans les cires de bureau, le colcotar pour les cires de qualité inférieure ; comme les cires rouges sont de beaucoup les plus employées, on se sert moins fréquemment des autres pigments de couleurs différentes : noir de fumée, bleus d'outremer, verts de chrome, bronzes en poudres servant en peinture. Outre tous ces colorants actifs, on ajoute aussi aux cires des colorants en quelque sorte passifs, qui ne jouent d'autre rôle que de « charger » les mélanges dont on augmente ainsi le poids au prix d'une très faible dépense. Les charges sont habituellement données avec du blanc de Meudon ou avec du kaolin.

Notons enfin comme constituant secondaire des cires, du moins de celles de qualité extra, quelques parfums. On les choisit parmi les baumes naturellement parfumés comme le benjoin, l'encens, le baume du Pérou, dont la nature, analogue à celle des résines, rend très facile l'incorporation.

Nous reproduisons dans le tableau ci-contre un choix de dosages convenant pour la préparation de cires de qualité et de couleurs diverses.

Tous les chiffres indiqués sont approximatifs, et de petites différences dans leur dosage importent peu ou prou à la bonne réussite des mélanges obtenus. On doit même, selon

	Formule simple.	Extra pour cacheter	Bonne qualité	Ordi-naire	Noire extra	Noire or-dinaire	Verte com-mune	Bleu vif	Jaune	Blanche
Gomme-laque............	2	200	400	200	200	100	150	100	100	100
Térébenthine...........	1	100	300	200	100	200	100	50	200	50
Colophane.............				100		200	100	25	150	
Blanc de Meudon......		50	300	300		100	250		150	
Kaolin................					50					
Vermillon.............	1	75	150	100					20	
Noir de fumée........					100	150				
Bleu de Prusse........					10	10	70			
Outremer.............								100		1
Jaune de chrome......							40		100	
Blanc de zinc.........										100
Benjoin...............		10	25		20					

les exigences, modifier les proportions des
divers constituants, ce qu'il est très facile de
faire au vu des formules voisines de celles
qu'on veut changer. On doit aussi naturellement choisir les qualités de matières premières d'après les qualités à obtenir. C'est
ainsi que, pour avoir une cire noire, il importe
peu de prendre de la gomme-laque de dernière qualité, assez brune ; tandis qu'au
contraire on devra choisir une gomme bien
décolorée s'il s'agit de préparer une cire
blanche.

Les mélanges cireux se préparent dans un
récipient de fonte chauffé à feu nu et de
dimensions telles qu'il puisse contenir au
moins deux fois le poids des matières employées, ceci pour éviter tout débordement.
On commence par faire fondre la térébenthine, puis on projette la gomme-laque cas-
sée en petits morceaux, et c'est seulement
après homogénéisation qu'on introduit la
colophane. Il faut éviter de prolonger le
chauffage, car la térébenthine perdrait une
partie de son essence volatile, et le mélange
deviendrait trop dur.

Le liquide résineux reçoit finalement les
pigments et les charges à l'état de pâte préparée en broyant les poudres minérales avec
15 à 25 p. 100 d'essence de térébenthine, cela
pour que les particules soient instantanément
mouillées par les résines. Seules les poudres
de bronze ne nécessitent pas de malaxage
avec l'essence. On ajoute finalement le par-

fum, et on coule en moules appropriés.

Les fabricants emploient des moules en fonte creusée de cavités ayant la forme des bâtons à mouler; ou bien encore des tables de marbre sur lesquelles on place des réglettes parallèles formant moules amovibles. Pratiquement, on peut très bien se passer de tout coûteux appareil en coulant la cire fondue sur une tablette de marbre où l'on aura placé des réglettes en bois huilé formant parois latérales du bâton qu'on veut obtenir.

Cires à cacheter les bouteilles. — Ces produits doivent n'être pas cassants, et leur prix doit demeurer relativement bas. On peut les préparer aisément par l'un des procédés suivants, en suivant les indications générales données précédemment.

Formules usuelles. — A base de cire, de suif et de colophane, on met moins de cire pour avoir un prix de revient plus bas, moins de suif pour obtenir un produit plus sec, moins de colophane pour éviter d'avoir un enduit cassant.

Colophane..............	100 gr.	40 gr.
Cire jaune.............	40 »	10 »
Suif....................	20 »	
Poix-résine...........		40 »

On fait fondre le mélange à feu doux ; on ajoute éventuellement un peu de gomme-laque pour donner de la transparence, du noir de fumée, du minium, du bleu de Prusse ou du chromate de plomb pour teinter en rouge, noir, bleu ou jaune. Couler finalement les pains qui seront refondus pour l'usage.

Formules américaines. — A. Faites fondre à feu doux un mélange de 60 grammes de résine et 30 grammes de paraffine, puis incorporez 10 grammes de pigment coloré (noir de fumée, bleu d'outremer, etc.). — B. Mélange fondu de 140 grammes de laque en écailles, 120 grammes de térébenthine, 70 grammes de résine, 20 grammes de magnésie, 40 grammes de craie et 40 à 50 grammes de colorant. — C. Mélangez en chauffant un mélange de 40 grammes de laque en écailles, 120 grammes de térébenthine, 80 grammes de résine de pin, 40 grammes de gypse, 40 grammes de craie et, si on désire une teinte brune, 40 grammes de terre d'ombre.

Cire liquide. — C'est une sorte de vernis permettant de cacheter les bouteilles à froid, ce qui peut être commode dans certains cas. Faites dissoudre 250 grammes de gomme-laque en écailles dans un mélange de 750 grammes d'alcool à 96° et 75 grammes d'éther sulfurique, en secouant vigoureusement le flacon bouché, incomplètement rempli (attention à l'inflammabilité du solvant !). Ajoutez ensuite 125 grammes de térébenthine, 75 grammes d'acide borique pulvérisé, 5 à 10 grammes de violet méthyl ou autre colorant semblable ; puis malaxez la solution avec 250 grammes de stéatite en poudre fine pour former une pâte qu'on doit conserver en récipients hermétiquement clos.

Cire ne se dissolvant pas dans l'alcool. — On emploie le produit pour certaines applications spéciales telles que le cachetage des fûts d'alcool. On le prépare en mélangeant :

Cire	500 gr.
Cire de Carnauba	100 »
Paraffine	100 »
Minium	500 »
Craie lévigée	200 »

Les corps gras sont d'abord fondus, après quoi on ajoute en remuant les poudres de minium et de craie.

Colles. — Voir aussi : *Luts, Mastics et Glu.*

Les colles sont des matières adhésives servant à réunir le plus solidement possible des surfaces en contact l'une à l'autre. On emploie surtout les colles à la gélatine ou colles fortes, les colles à la gomme arabique et les colles de pâte. Mais il existe d'autres genres de colle : à la caséine, à l'albumine, au caoutchouc, au silicate sodique, etc...

Les colles de pâte, de gélatine, qu'on veut conserver pendant quelque temps, devront contenir une petite dose d'un antiseptique, empêchant les moisissures de se développer en retirant à la masse ses propriétés adhésives et lui donnant une odeur infecte. On emploie l'alun, l'acide phénique, le sulfate de cuivre. Certaines colles, contenant un acide fort par exemple, sont par cela même suffisamment antiseptiques.

Différentes colles, dont suivent les formules, sont particulièrement destinées à tel ou tel emploi : ceci rend le choix commode. Mais, près de la colle pour porcelaine et de la colle pour courroies, il est d'autres colles non spécialement affectées à un usage déterminé ; quand les emploierons-nous ? En général, pour le bois, on préférera les colles à la gélatine ; pour le papier, les colles de pâte et les colles gommeuses ; pour les matières minérales, des adhésifs à base également de substances minérales : silicate de potasse par exemple. Le cuir, le caoutchouc, seront collés avec des dissolutions de caoutchouc, de celluloïd. Le choix sera dicté aussi par d'autres considérations : bas prix de la colle, sa résistance éventuelle à l'humidité.

Le collage. — Bien souvent une colle ne donne que de médiocres résultats, parce qu'elle fut mal employée. C'est pourquoi il nous paraît indispensable, avant de donner les formules pour préparer les colles, de décrire en détail les précautions que, dans tous les cas, on doit observer pour obtenir la meilleure adhérence possible. Voici les règles qu'il importe de suivre :

1° Nettoyage soigné des surfaces à réunir. — Ceci s'explique comme seul moyen d'assurer une facile pénétration de la colle dans la substance des pièces à coller. Nettoyage doit s'entendre au sens le plus étendu possible ; c'est ainsi qu'une pièce mouillée devra être séchée pour la « nettoyer » en quelque sorte de son eau.

2° Préparation des surfaces à réunir, de telle sorte que le vide à combler par la colle soit aussi réduit que possible. — On peut seulement ainsi empêcher un retrait trop fort de la couche collante et éviter que les efforts de flexion, de tension, ne soient entièrement supportés par la matière colle, dont la résistance est le plus souvent nettement inférieure à celle des pièces qu'elle soude. De plus, quand les surfaces réunies sont très irrégulières tout en coïncidant exactement, — c'est le cas pour un bâton cassé dont on rejoint les deux fragments, par exemple, — l'assemblage colle forme une multitude de tenons et de mortaises qui consolident le collage.

3° Application de la colle à l'état bien fluide. — C'est une condition indispensable pour permettre la pénétration intime à la surface des pièces. C'est pourquoi les colles se gélifiant à froid doivent être appliquées après chauffage, et le collage fait avant refroidissement.

4° Pression exercée pendant la phase de durcissement pour bien appuyer les surfaces collées les unes sur les autres. — Cette dernière condition dérive naturellement des précédentes et provoque la pénétration intime des mixtures collantes dans les surfaces encollées, l'expulsion de l'excès de colle ayant pour effet de ramener au minimum le vide à combler. Enfin, à supprimer ainsi tout risque de décollage particulièrement à craindre tant que la colle n'est pas bien solidifiée.

Colle forte ordinaire. — C'est elle qu'emploient en particulier les menuisiers pour faire adhérer les pièces de leurs assemblages. On la fait avec de la colle forte du commerce, en plaques brunes plus ou moins bosselées, qu'on casse au marteau et qu'on met digérer dans l'eau froide pendant quelques heures (une nuit d'ordinaire). Le lendemain, on chauffe au *bain-marie* en remuant de temps à autre, et la colle gonflée d'eau se dissout aisément. A défaut de bain-marie spécial, opérer dans une tasse plongée dans une casserole d'eau. Ne jamais chauffer à feu nu, ce qui ferait brûler la colle. On emploie d'autant plus d'eau qu'on veut une colle plus claire; mais, au moins pour coller le bois, il faut une mixture épaisse. Employer toujours à chaud, en enduisant au pinceau et pressant ensuite les pièces.

La colle forte est composée de gélatine; il en existe de plusieurs qualités, qu'on ne peut apprécier qu'en les employant au collage. Pour certaines colles devant rester transparentes, on se sert de gélatine alimentaire, vendue chez les épiciers en très minces feuilles incolores. La colle de poisson est aussi à base de gélatine; mais on l'extrait des vessies de l'esturgeon, au lieu d'employer les os de bestiaux, elle est plus adhérente que les colles fortes.

Colles fortes liquides. — A. Chauffer au bain-marie, en remuant jusqu'à ce que la masse soit bien homogène, un mélange de :

```
Gélatine.................................... 50 gr.
Acide acétique fort......................... 50  »
Alcool...................................... 10  »
Alun........................................  2  »
```

B. Soumettre au même traitement le mélange suivant :

```
Colle  forte............................... 100 gr.
Eau........................................ 100  »
```

Ajoutez peu à peu à la masse homogène 20 grammes d'acide nitrique à 36° B.

Les deux colles restent liquides en se refroidissant, à l'inverse de la colle gélatinée ordinaire, qui se prend en épaisse gelée à froid. Évitez d'employer la colle B avec du papier qu'elle rendrait rapidement cassant.

C. Il s'agit d'une colle pour porcelaine, liquide, et pouvant être en conséquence préférée, pour la commodité d'emploi, aux adhésifs en pâte destinés au même usage (*Voir Ciment*). On la prépare en faisant dissoudre au bain-marie 5 grammes de colle de poisson dans 20 grammes d'acide acétique cristallisable. On poursuit le chauffage jusqu'à ce qu'une goutte de la masse se prenne en gelée consistante par refroidissement.

Colles de bureau. — A. La plus employée

est faite avec de la gomme arabique, ou plus exactement avec de la gomme du Sénégal, car on n'importe plus guère ces gommes de l'Arabie : elles viennent du Soudan, où on les recueille sur certains acacias. Il suffit de mettre la gomme dans un flacon quelconque avec environ le double de son poids d'eau, et d'agiter de temps à autre, pour obtenir finalement un liquide épais collant très bien. Pour rendre la colle moins cassante après séchage, il est recommandé d'ajouter au mélange 20 à 30 grammes de sucre p. 100 de gomme.

B. Quand on fait une grande consommation de colle de bureau, il est économique de se procurer chez un droguiste de la *dextrine*, sorte de fécule rendue soluble dans l'eau par grillage, ou chauffage avec de l'eau acidulée. On opère comme pour la gomme, en employant 300 à 500 grammes de dextrine par litre d'eau.

Colles de pâte. — Employées par les peintres pour coller aux murs le papier tenture, par les relieurs pour enduire le cuir que la colle forte rendrait cassant. On les prépare en délayant dans l'eau froide 2 à 5 p. 100 environ de farine ou d'amidon. Il est bon d'ajouter aussi 2 à 5 p. 100 d'eau phéniquée, ou à peu près 0,05 p. 100 d'alun, de manière à empêcher la végétation de moisissures qui, au bout de quelques jours, donneraient à la colle une fort mauvaise odeur. On fait chauffer ensuite jusqu'à l'ébullition maintenue durant quelques secondes *sans cesser un moment de remuer* ; sans cela, le produit s'attache et brûle. Il importe également, pour obtenir une colle bien homogène, de délayer très soigneusement la farine à froid pour qu'il ne reste plus le moindre grumeau ; au besoin, il sera bon de tamiser avant de procéder à la cuisson.

Colle à la pomme de terre. — On peut aisément faire avec de la fécule une excellente colle, en opérant comme pour confectionner la colle de pâte. Mais, à défaut de fécule, ou pour plus d'économie, il est facile d'employer tout simplement de la pomme de terre, à condition de la râper au préalable. Environ 50 grammes de râpure fine sont délayés dans 250 c. c. d'eau, après quoi on chauffe à l'ébullition sans cesser de remuer un seul instant. On laisse refroidir ou non et on emploie comme la colle de pâte. Si la colle doit être conservée, on incorpore finalement une pincée (1 gramme environ) d'alun pulvérisé.

Colle caséinée. — La caséine, qui, on le sait, constitue la majeure partie du fromage, est extraite dans certaines laiteries, après écrémage du lait ; c'est une poudre blanchâtre pouvant servir à faire des colles analogues aux colles d'amidon, mais plus adhésives. Pour préparer une telle colle liquide, on délaye 12 grammes de caséine sèche ordinaire dans 100 c. c. d'eau contenant 0 gr. 2 de borax et quelques gouttes d'ammoniaque.

On fait chauffer pendant une demi-heure sans atteindre l'ébullition, en ajoutant de temps en temps quelques gouttes d'alcali, en sorte que la mixture présente toujours une faible odeur ammoniacale.

Colle au silicate. — Les silicates de potasse et de soude, ou plutôt leurs solutions dans l'eau, suffisamment concentrées, forment des liquides visqueux souvent employés comme adhésifs pour réunir le verre, la porcelaine, le marbre, etc. On ajoute toujours à ces silicates des poudres minérales très fines pour éviter le retrait, et souvent même en quantité telle que la masse devient pâteuse (Voir *Ciments, Luts*). Quelquefois la mixture reste liquide, comme celle-ci destinée à coller le verre :

```
Silicate de potasse à 30° B ............  100 gr.
Magnésie.............................   10  »
Sous-nitrate de bismuth..............    5  »
```

Il suffit de réunir fortement les surfaces enduites d'une mince couche de la colle pour qu'au bout d'une heure les pièces soient solidement réunies.

Colle pour ébonite. — Au lieu de mettre ramollir la colle forte ordinaire dans l'eau, on la met dans l'acide acétique. Après parfaite imprégnation, on chauffe comme d'ordinaire au bain-marie, en remuant, jusqu'à suffisante homogénéisation. Appliquer à chaud sur les surfaces propres, qu'on serrera ensuite fortement les unes contre les autres jusqu'à durcissement parfait de la colle.

Colles pour cuir. — Faire ramollir dans l'eau froide, en les y laissant pendant six heures, 100 grammes de colle de poisson, puis les faire fondre au bain-marie. Ajoutez ensuite, petit à petit, 3 grammes bichromate de potasse dissous et 6 grammes glycérine. Après avoir râpé au gros papier de verre les deux surfaces à réunir pour les rendre rugueuses, on applique une couche de la colle et on les maintient solidement serrées pendant vingt-quatre heures.

Un collage particulièrement solide est également obtenu avec une solution saturée de celluloïd dans l'acétone. Comme celluloïd, on peut prendre de vieilles pellicules photographiques dégélatinées par l'eau bouillante. Bien se souvenir que l'acétone est un liquide très volatil et fort inflammable : en conséquence, faire la dissolution par longue digestion à froid plutôt que de vouloir aller rapidement en chauffant.

Encres.

Il existe d'innombrables formules pour la préparation des encres de divers genres. Mais, en fait, beaucoup de recettes reproduites dans les divers recueils sont inutiles, soit parce qu'elles concernent des mixtures peu pratiques d'emploi, soit parce qu'elles ne sont pas économiquement applicables en petit. Ainsi les trois quarts des encres sympathiques ne sont que des curiosités inappliquées ; ainsi les encres ordinaires au campêche sont vendues à prix plus bas que ne le serait le prix de revient pour l'amateur. Nous ne donnerons guère ici qu'une formule pour chaque genre d'encre (1).

Encre au tanin. — Les encres au tannate de fer, obtenues avec des noix de Galles et du sulfate ferreux, étaient autrefois presque seules employées. Elles sont plus chères que les encres ordinaires modernes, à base de campêche, mais aussi donnent des traits plus solides.

On obtient une encre de bonne qualité en employant :

Noix de galle.........................	50 gr.
Gomme du Sénégal.....................	20 »
Sulfate ferreux.......................	20 »
Acide phénique.......................	1 »

On fait une colle avec la gomme et 100 c. c. d'eau environ ; on fait dissoudre le sulfate dans une pareille quantité du même liquide, et on fait bouillir à petit feu pendant quelques heures les noix concassées avec 800 c.c. environ d'eau, en remplaçant les pertes dues à l'évaporation. On laisse l'extrait exposé à l'air dans un vase plat (cuvette pour photo par exemple), on y fait dissoudre l'antiseptique et on y ajoute les autres constituants.

(1) Voir pour plus de détails le petit volume de MARGIVAL, *les Encres*, in-8°, Paris, 1912.

Encre rouge. — Ces encres, qui se préparaient autrefois avec du carmin, sont maintenant faites exclusivement en employant divers colorants artificiels, parmi lesquels fuchsine et éosine sont habituellement préférées. Voici un exemple de dosage :

```
Fuchsine ou éosine.......................  10 gr.
Dextrine ou gomme arabique......  10 à 20  »
Eau  distillée.............................   1 lit.
```

La couleur est broyée dans un peu d'eau, la matière gommeuse est réduite sous forme de colle avec le reste du liquide ; finalement, on mélange.

Encre bleue. — Les encres bleues du commerce sont aussi faites avec des colorants synthétiques dérivés du goudron, et non plus comme autrefois avec du bleu de Prusse ou de l'indigo. On emploie par exemple :

```
Bleu Victoria......................  10 à 20 gr.
Sucre.............................      10  »
Acide  tartrique..................      20  »
Acide  phénique...................       1  »
```

Le tout étant mis à digérer dans un litre d'eau tiède et remué jusqu'à parfaite dissolution.

En substituant au bleu Victoria du vert brillant cristallisé, on obtient une très belle encre verte.

Encre violette. — A base de violet méthyl, dont la marque sera choisie selon nuance désirée : les violets 4 B et 8 B donnent des encres bleues ; les violets B, BBR, des encres violettes ; les violets 4 R, 6 R, 8 R, des encres violettes presque rouges. Dosages recommandés :

```
Violet méthyl BB......................... 10 gr.
Gomme du Sénégal....................... 25  »
Acide  phénique.........................  0,5
Eau...................................  1 lit.
```

Pour opérer rapidement, on peut faire dissoudre le violet dans un peu d'alcool et verser le tout dans l'eau gommée.

Encre blanche pour écrire sur papier de couleur. — Une telle encre est très utile pour écrire sur certaines étiquettes-réclames, certaines inscriptions pour collections : on obtient de la sorte des inscriptions très visibles, d'un aspect sortant de l'ordinaire.

Rien de plus facile que de préparer une pareille mixture. On fait une colle très claire avec 100 grammes d'eau et 5 à 20 grammes de gomme arabique. Puis on triture dans le liquide de 10 à 25 grammes d'une poudre blanche et légère : craie lévigée ou amidon. L'encre est faite et peut être appliquée à la plume ou au pinceau ; on doit toujours agiter avant emploi pour bien mettre le pigment en suspension.

On obtient des traits bien blancs, fort visibles aussi bien sur toutes sortes de papiers foncés que sur le noir. Il faut préférer la craie à l'amidon, parce que les traits amidonnés ne prennent leur pleine couleur qu'après séchage. Les proportions sont très approximatives et, pratiquement, on peut ne rien mesurer du tout.

On peut effacer les traits en lavant à l'eau avec un pinceau, ce qui permet les retouches. Si les étiquettes doivent résister au frottement, il est indispensable d'y projeter finalement au pulvérisateur un peu de vernis copal coupé d'alcool.

Encres communicatives. — Toutes les formules précédentes peuvent servir à l'obtention de telles encres : il suffit d'ajouter par litre 10 grammes de glycérine et autant de sucre pour que l'encre retienne l'humidité et puisse de la sorte se décalquer aisément sur papier mouillé sous l'influence d'une forte pression.

Encre de Chine. — Il n'est pas pratique de préparer soi-même le produit. Mais, dans certains cas spéciaux, il est utile de savoir modifier sa composition.

Pour augmenter l'adhérence de l'encre de Chine, voici comment M. J. Escart conseille d'opérer. Faites dissoudre environ 1 gramme de gomme mastic dans 100 c. c. d'alcool à 10°; ajoutez une goutte d'huile de ricin et conservez en flacon bouché. Il suffit d'ajouter quelques gouttes de la mixture à l'encre de Chine qu'on vient de délayer dans un godet pour obtenir un liquide ayant beaucoup d'affinité pour le papier.

Le même auteur recommande de préparer ainsi l'encre de Chine pour traits résistants à l'action de l'eau : Faites bouillir jusqu'à dissolution un mélange de 120 grammes eau, 20 grammes gomme-laque en écailles et 10 grammes borax. On broie dans un peu du liquide filtré 10 grammes de noir de fumée très fin, puis on dilue en remuant avec le reste de la solution.

Encres sympathiques. — Presque toutes les réactions colorées de la chimie peuvent être utilisées à combiner de telles encres : les formules en sont donc innombrables, et il est aisé d'en établir soi-même, à volonté, de toutes façons. Nous nous bornerons à citer quelques exemples.

Le ferro-cyanure de potassium en solution à 1 p. 100 environ donne des traits invisibles, qu'on peut développer en bleu avec un sel ferrique, en rouge avec un sel cuprique, en brun avec un sel d'urane. Le virage sera provoqué soit par immersion dans une solution à 1 p. 100 de ces sels, soit, ce qui est plus pratique, en passant à la surface du papier un pinceau légèrement imbibé du révélateur. De meilleurs résultats sont encore obtenus en pressant au contact des traits un papier-filtre légèrement humecté de solution développante.

Le chlorure de cobalt en solution aqueuse (1 à 5 p. 100) constitue la base de la plupart des encres sympathiques du commerce. Les traits obtenus avec ce liquide sont absolument incolores ; mais, dès qu'on chauffe le papier, par suite de la déshydratation du sel cobaltique, il y a virage au bleu. Les traces apparaissent très visibles, puis, si on cesse de chauffer, disparaissent peu à peu en raison de l'absorption d'humidité ambiante. On peut de la sorte faire indéfiniment apparaître et disparaître les traits.

Encres pour marquer colis et caisses d'emballage. — Quand on désire obtenir des traits résistant à l'action de la pluie, on emploie une mixture préparée en délayant du noir de fumée dans deux fois son poids d'huile de lin cuite.

S'il importe peu que les inscriptions soient solides à l'eau, on triture du noir de fumée dans de l'eau gommée, à doses de :

Noir de fumée..........................	20 gr.
Gomme du Sénégal......................	25 »
Eau...................................	100 »

Encres à marquer les tissus. — De telles mixtures sont employées pour marquer le linge des hôpitaux, casernes, etc., et les chefs des pièces travaillées dans les usines de blanchiment et d'apprêt. Elles doivent donner des traits résistant à l'action des lessives alcalines et des solutions hypochlorées, les fibres n'étant naturellement pas altérées.

A. Les encres à l'argent employées pour marquer le linge sont à base d'un sel soluble, qui, après pénétration dans la fibre, est décomposé avec formation d'argent métallique, résistant très bien à l'action de la plupart des réactifs. On obtient une telle encre avec :

Nitrate d'argent	30 gr.
Carbonate sodique	50 »
Acide tartrique	10 »
Gomme du Sénégal	50 »
Noir de fumée	10 »

Faites dissoudre à part le nitrate et le carbonate dans chacun environ 100 c. c. d'eau ; mélangez, jetez sur filtre et lavez à l'eau le précipité. Ce précipité encore humide est ensuite trituré au mortier avec l'acide tartrique, en ajoutant peu à peu de l'ammoniaque jusqu'à dissolution de tout le tartrate d'argent. On ajoute finalement 200 c. c. d'eau contenant la gomme, et on broie avec le noir (la gomme empêche l'encre d'être « bue » par le linge et le noir rend les inscriptions immédiatement visibles). Conserver en flacons jaunes ou noirs.

B. Les encres au noir d'aniline donnent des traits formés de la même substance qui sert à teindre les cotonnades, bonneterie et autres articles en noir supportant les lavages de toute sorte. On peut marquer le linge avec l'encre indélébile au paraphénylènediamine de Gouillon ou avec la mixture suivante du même auteur :

	Noir d'alizarine, pâte	100 gr.
A	Eau	700 »
	Acide chlorhydrique	75 »
	Dextrine	150 »

B | Huile d'aniline...... ....   75 gr.
) Chlorure ferreux cristallisé.........   100   »
C | Chlorate de soude...............   60   »

Mélangez les produits A en opérant au bain-marie vers 50-75°, et en remuant jusqu'à parfaite homogénéité. Laissez complètement refroidir, ajoutez B, mélangez, ajoutez C et amenez le volume total à un litre avec de l'eau. On laisse reposer pendant une nuit, on décante et on conserve en flacons bien bouchés.

Fixatifs.

Il s'agit des mixtures dont on se sert pour rendre les traits du crayon ou des pastels capables de résister aux frottements. Ceci permet de conserver très bien les pastels encadrés sans nécessité de les mettre sous verre, ce qui retire toute la fraîcheur du velouté mat si agréable. Ces fixatifs ne doivent pas être appliqués au pinceau, ce qui pourrait estomper les traits, mais soit par immersion, soit mieux par projection du pulvérisateur.

Fixatif pour crayons. — D'après le *Cosmos*, on peut fixer le crayon à la mine de plomb ou le crayon Conté en trempant le dessin dans du lait cuit mais froid. On renouvelle l'opération après séchage : les traits ainsi fixés ne peuvent plus s'estomper par frottement contre les feuilles de papier superposées dans les cartons où on les range.

Fixatif pour pastel. — *La Nature* décrit ainsi la préparation de la mixture imaginée par le chimiste Ostwald. Mélangez 20 grammes de caséine, 4 grammes de borax et quelques cuillerées d'eau. Après quelques heures, on étend d'eau le sirop obtenu, de manière à amener le volume total à 750 cm³. On ajoute alors 250 cm³ d'alcool à 90° ; on laisse reposer pendant quelques jours et on décante le liquide clair. A défaut de caséine, on peut employer du caillé de lait bien écrémé en prenant la masse contenue dans un demi-litre de lait pour faire deux litres de fixatif. On ajoute dans les proportions déjà connues du borax pour solubiliser la caséine et de l'alcool pour assurer la conservation et faciliter la pénétration dans la couche de pastel.

Le pulvérisateur servant à l'application du fixatif devra être soigneusement nettoyé après usage : la mixture caséinée obturerait sans cela très rapidement les tubes de sortie. Au cas où l'accident se produirait, il suffirait de mettre tremper l'appareil pendant quelques jours dans une solution aqueuse de borax au vingtième.

Papier.

Pour le rendre transparent, voici d'après *la Nature* les substances avec lesquelles il convient de l'enduire. L'huile de ricin mélangée d'essence de pétrole donne de bons résultats, quoique la transparence ne soit pas encore idéale ; mais il faut plusieurs jours d'exposition à l'air pour obtenir une dessiccation complète, et c'est bien incommode. A ce point de vue, l'emploi de siccatif liquide produit le même effet en temps bien moindre, mais avec teinte du papier en jaunâtre pâle. Les meilleurs résultats nous furent donnés par l'application d'une couche de vernis blanc à l'alcool, d'une des bonnes marques du commerce : on obtient le même effet que celui produit industriellement sur les enveloppes à cadre transparent laissant voir l'adresse inscrite sur la lettre.

Une remarque : tous les genres de papier ne se prêtent pas également à devenir transparents, c'est pourquoi on doit éviter l'emploi des papiers épais et bon marché, chargés d'une forte proportion de craie, de talc ou de kaolin ; des papiers « couchés » recouverts d'un véritable enduit minéral.

Pour le rendre imperméable, la cire végétale du Japon convient très bien ; on en place avec 5 ou 6 fois son poids d'alcool dans une fiole de verre chauffée au bain-marie. Quand tout est liquide, on agite à l'air jusqu'à refroidissement, ce qui provoque la précipitation de la majeure partie de la cire. On obtient ainsi une sorte de lait épais dont on enduit au pinceau les papiers à imperméabiliser, apprêtés au préalable avec une couche d'un emploi formé de parties égales de fécule et d'amidon. On peut ajouter à l'enduit de la suie ou tout autre pigment ou charge. Finalement, le papier est brossé jusqu'à ce que la couche imperméabilisante soit brillante, uniforme, et ne poisse plus. Au besoin, on peut renouveler le traitement.

CHAPITRE V

ÉLEVAGE, JARDINAGE
DESTRUCTION DES PARASITES

Blattes : destruction.

Les serres chaudes, les caves, voire les cuisines et chambres diverses, sont parfois visitées par des blattes (cafards, cancrelats...) dont on a le plus grand mal à se débarrasser. Il existe cependant de bons moyens de destruction.

En voici quelques-uns d'après l'excellent ouvrage *Destruction des parasites*, de MM. François et Rousset.

1° Le meilleur est le piège, car l'insecte, très défiant, néglige souvent les appâts les plus tentants. On peut en faire avec quelque soupière ou autre vase profond à paroi lisse surplomblante, qu'on entoure de planchettes inclinées ou de torchons humides pour faciliter l'accès aux cafards. On place au fond du vase un peu de bière aigrie, dont l'odeur attire puissamment les blattes. On peut aussi simplement placer aux endroits fréquentés des torchons imprégnés de bière ; les cafards se réunissent là par centaines, et il est facile de les y écraser.

2° On peut les détruire ou les faire fuir en brûlant du soufre dans les locaux hermétiquement clos (60 grammes par mètre cube d'air), en insufflant dans tous les recoins de la poudre de pyrèthre fraîche ou en injectant dans les fissures et pulvérisant sur les surfaces une émulsion de pétrole préparée par exemple d'après la formule : eau, 40 litres ; savon noir, 2 kilos ; pétrole, 1 litre. Le savon est dissous à froid dans 15 à 20 litres d'eau ; on ajoute le pétrole en agitant fortement le liquide pour faciliter l'incorporation ; puis on verse le complément d'eau nécessaire.

Il est indispensable de compléter chacune de ces opérations par un mastiquage soigné de tous les interstices de murs ou boiseries pouvant donner passage aux insectes.

Bouillies anticryptogamiques et insecticides.

Bouillies bordelaises. — Très employées par les vignerons de tous les pays, ces bouillies, écrivent MM. Chaplet et Rousset dans leurs *Recettes de la Campagne*, se préparent selon une des formules suivantes:

	Formule Milliardet et Gayon	Formule moderne
Chaux.............	1	2
Sulfate cuprique..	3	3
Eau...............	100	100

On fait dissoudre la dose de sulfate cuprique dans une partie de l'eau à employer, en évitant l'emploi de tout récipient ou agitateur en fer ; pratiquement, on opère à froid dans des tonneaux défoncés en immergeant les cristaux du sel à dissoudre dans un panier d'osier, de façon à pouvoir facilement agiter. L'opération est, du reste, facilitée maintenant du fait de l'emploi des sulfates « neige » en cristaux très fins, obtenus par refroidissement rapide et agitation des solutions saturées à chaud.

On fera bien d'employer la chaux grasse, celle qui foisonne le mieux, de préférence à la chaux maigre. — Il faut toujours avoir soin de ne mêler la solution *éteinte* à la solution de sulfate de cuivre qu'après le *refroidisse-ment* de chacune de ces préparations, pour éviter la formation de l'oxyde noir qui est insoluble et presque sans action sur les *para-sites*.

L'emploi du tamis, qui permet d'écarter tous les graviers et tous les grumeaux dans les préparations, est excellent. A défaut, on pourrait aussi mettre la chaux dans un sac grossier.

La chaux éteinte est délayée dans l'autre partie de l'eau, puis le lait obtenu, versé lentement et en agitant continuellement dans la solution de sulfate cuprique. Il importe d'employer un lait de chaux très dilué pour obtenir des dépôts plus fins, encrassant moins les appareils de pulvérisation.

On doit éviter de verser la solution de sulfate cuprique dans la chaux, surtout si le lait n'est pas très dilué.

La dose de chaux pure suffisant exactement est de 335 grammes par kilo de sulfate cuprique ; mais, comme la chaux de commerce est toujours impure, il importe soit de préparer une bouillie alcaline à fort excès de chaux, soit, pour obtenir une bouillie neutre, de régler la quantité ajoutée de lait de chaux, d'après les indications du papier de tournesol. Dans ce cas, il est nécessaire d'agiter longuement avant chaque touche, le lait de chaux contenant toujours des granules difficilement solubles qui peuvent modifier en quelques instants l'état de neutralité du liquide.

Bouillie bourguignonne. — Quoique maintenant bien moins employé que les mixtures cupro-calcaires, le produit eut un moment une vogue comparable à celle des bouillies bordelaises. On la prépare également avec du sulfate de cuivre, mais on précipite le métal à l'état de carbonate.

On propose de substituer à la chaux, — parfois difficile à se procurer dans les villages, et dont la conservation est mal assurée, par suite d'une facile carburation à l'air, — le carbonate sodique, employé partout à l'état de cristaux pour le lessivage du linge. La mixture est préparée en faisant dissoudre d'une part 2 kilos de sulfate cuprique dans 3 litres d'eau, et d'autre part 3 kilos de carbonate sodique (ou 1 kilogramme environ de soude Solvay) dans 5 litres d'eau ; on mélange et on complète à un hectolitre.

Le précipité cuprique en suspension obtenu de la sorte n'est pas salin comme celui des bouillies bordelaises ; il est gélatineux, ce qui évite des dépôts dans le pulvérisateur et paraît devoir faciliter l'adhérence.

Les bouillies bourguignonnes se conservent très mal : le précipité se sédimente peu à peu en formant un dépôt grenu, lourd, ne se maintenant en suspension que pendant quelques instants, adhérant très mal aux feuilles.

Aussi ne faut-il préparer ces mixtures qu'au moment de l'emploi.

Chenilles : *Mixtures pour les détruire.*

Il existe un grand nombre de chenilles diverses, lesquelles peuvent être détruites par les insecticides normaux ou par les procédés spéciaux à chaque sorte de parasites.

1° Pour détruire les chenilles en général, on a recommandé de faire un lait avec de l'eau et du chlorure de chaux, et on asperge matin et soir avec un balai les plantes recouvertes de chenilles ou de pucerons. Les soufrages donnent aussi de bons résultats.

2° Lorsqu'on veut employer le produit pour éloigner les chenilles des arbres fruitiers, on malaxe 2 kilos de chlorure avec 1 kilo de saindoux ; on enveloppe la pâte dans de l'étoupe de façon à former des boules qui sont attachées dans l'arbre : toutes les chenilles se laissent tomber et aucune ne tente de gravir le tronc.

Imbiber les nids avant ou au moment de l'éclosion avec une huile quelconque, la plus commune, si l'on veut.

Une goutte bien appliquée au milieu du nid, en l'étendant un peu, suffit le plus souvent ; on peut en mettre plusieurs si le nid est volumineux ; l'effet est foudroyant. L'essentiel est que tous les œufs ou toutes les chenilles soient atteints.

Les *chenilles du chou* peuvent être détruites avec le mélange suivant :

Eau	100 lit.
Sulfate de cuivre	1 kg. 500
Chaux éteinte	1 kg. 500
Mélasse	0 kg. 250

Cette bouillie, appliquée sur les choux dès que les chenilles commencent à y exercer leurs ravages, produit d'excellents effets ; elle détruit les parasites, et le légume même ne souffre aucunement du contact.

Pour la *chenille fileuse du prunier*, qui a causé dans les centres prunicoles des dégâts très importants, on emploie avec succès divers insecticides.

Les meilleurs résultats sont donnés par le chlorure de baryum à 3 p. 100, qui provoque bien quelques petites brûlures sur les feuilles, mais empoisonne sûrement toutes les chenilles en quelques jours. L'action est suffisamment rapide pour que soit inutile l'addition de mélasse, de résine et autres corps favorisant l'adhérence. On peut ajouter 2 à 5 p. 100 de verdet neutre. Le succès obtenu est tel que les pruniculteurs de Lot-et-Garonne n'employèrent pas moins de 5 000 kilos de chlorure de baryum en une seule quinzaine.

L'époque des traitements influe beaucoup sur la réussite, telle bouillie donnant ou non de bons résultats selon qu'on l'applique à telle ou telle date. En général, mieux vaut opérer dans le midi, et au cours d'une année moyenne, du 7 au 15 mai que du 1 au 7. On choisira le moment où les chenilles mesurent 8 à 10 millimètres de long; elles sortent alors de leurs abris primitifs et sont très actives (elles mangent beaucoup et sont plus vite empoisonnées).

Engrais et amendement.

Compost pour les rempotages. — Choisissez mieux et préparez les matières qui doivent entrer dans leur composition. La terre franche en fait souvent partie. Passez-la à la claie pour en enlever les pierres; rendez-la pulvérulente, battez la terre de bruyère, passez au crible le terreau de jardin et celui de feuilles. Quand toutes ces substances sont réunies dans le même endroit, formez des lits successifs de chacune et dans des proportions déterminées, suivant l'usage que vous voulez en faire. Placez une couche de terre franche et arrosez-la de purin ; puis placez une couche de sable sur laquelle vous mettez une couche de terreau de fumier ou de terre de bruyère, puis une nouvelle couche de terre franche, et ainsi de suite. Il est préférable que les couches soient minces ; au bout de quinze jours, recoupez le tas de compost perpendiculairement aux couches qui l'ont formé, et reformez-le à côté. Ayez soin de le remuer plusieurs fois avant de l'employer.

Engrais pour jardin venant d'être inondé. — Le sol des jardins et des vergers qui furent inondés reparaîtra couvert d'un limon formant une croûte plus ou moins épaisse s'opposant à la pénétration du sol par les agents atmosphériques. D'autre part, l'eau en baissant de niveau provoque un tassement du sol et entraîne dans le sous-sol, suivant son degré de perméabilité, les éléments fertilisants qu'elle a dissous. Les racines des arbres, au moment de leur entrée en végétation, se trouveront dans de fort mauvaises conditions.

Il est donc essentiel de travailler la couche superficielle pour la ramener à son état normal. On répandra ensuite sur le sol un engrais rapidement assimilable.

La *Revue horticole* préconise, entre autres formules, celle du marquis de Pâris :

Sulfate d'ammoniaque	1.5 kg
Superphosphate de chaux	2 »
Chlorure de potassium	1 »
Sulfate de chaux	1 »
Sulfate de fer	1 »

On répand ce mélange, à raison de 300 grammes par mètre carré, sur l'espace que paraissent occuper les racines de chaque arbre fruitier, puis on l'enfouit. Un peu plus tard, on sème du nitrate de soude, que les eaux de pluies se chargent d'entraîner jusqu'aux racines.

Le sulfate de fer n'est utile que pour les sols calcaires; ailleurs, et surtout dans les sols argileux contenant une minime proportion de chaux, le sulfate de fer aurait plutôt une action nocive.

Engrais pour gazon. — D'après la formule publiée dans la *Vie à la Campagne*, on en prépare un d'excellente qualité avec :

```
Tourteaux sulfurés (arachide, moutarde, sésame).  70 kg.
Nitrate de soude du Chili (15 à 16 0/0 d'azote)..  20 »
Phosphate naturel (29 0/0 d'acide phosphorique)
   ou superphosphates (16 à 18 0/0)..............   5 »
```

Un tel engrais contient pour 100 kilos :

```
Azote..............................  7 kg. 2
Acide phosphorique ................  2 kg. 9
Potasse............................  3 kg. 2
```

Pour préparer ce mélange, broyez finement les tourteaux sur le sol bien nettoyé d'une grange. Si possible, faites-les passer au concasseur, puis mélangez le nitrate de soude dans les proportions indiquées; ensuite ajoutez le chlorure de potassium et enfin le phosphate ou le superphosphate. Préparez toujours *au moment de l'emploi*.

Répandez soit sur le sol labouré et enfouissez au râteau, si c'est une gazonnière en création, soit sur le gazon, mais après qu'il aura été légèrement gratté au râteau, afin que l'engrais puisse pénétrer dans la terre. Choisissez un jour sec qui suit une pluie, afin que les éléments solubles s'incorporent aux liquides du sol, en même temps qu'ils ne se perdent point par ruissellement. La dose varie entre 7 à 10 kilos par arc.

En plus de cela et chaque fois que le gazon paraîtra grêle ou jaune, répandez tout de suite à la volée du nitrate de soude dans la proportion de 20 à 40 grammes par mètre carré. N'hésitez pas en hiver (janvier-février) à répandre des eaux de fosses d'aisances, si du moins elles ne sont pas trop ammoniacales, et dans ce cas doublez et triplez le volume par de l'eau ordinaire.

Engrais pour fleurs. — M. Petermann, directeur de la station agronomique de Gembloux, indique la composition suivante d'un engrais ayant donné des résultats remarquables sur les géraniums et les chrysanthèmes :

Sulfate d'ammoniaque	10 kg.
Nitrate d'ammoniaque	10 »
Nitrate de potasse	40 »
Phosphate de potasse	40 »

Il convient d'arroser une fois par semaine les plantes avec une solution contenant par litre un gramme du mélange salin, les autres arrosages se faisant à l'eau ordinaire.

Fourmis : *Pour les combattre.*

Contre les fourmis, on a préconisé quantité de moyens de guerre. Voici, d'après le traité de la *Destruction des parasites* par MM. François et Rousset, les principaux ; en dépit de la première apparence, à noter que les plus simples sont souvent les plus efficaces.

On peut épouvanter les insectes : 1º En plaçant dans les endroits qu'ils fréquentent des petits morceaux de charbon de bois (procédé employé dans certaines régions depuis plus de deux siècles) ; 2º En frottant le bas des troncs d'arbre ou des pieds de meubles avec de la craie, de façon à former un anneau blanc que n'osent franchir les fourmis. L'aversion est telle qu'une bestiole autour de laquelle on trace un cercle à la craie reste prisonnière (méthode employée par les Annamites depuis un temps immémorial) ; 3º En entourant les troncs d'arbres d'une couronne de goudron.

On peut les prendre au piège. — 1º Placer dans les endroits envahis des cuvettes enduites d'un peu de confiture : quand les fourmis s'y sont rassemblées, on les tue en jetant de l'eau bouillante. Fait curieux : une fois la première hécatombe faite, aucun insecte ne revient se faire prendre ; on a supposé que l'odeur des fourmis ébouillantées les horrifiait.

2º Remplir à moitié des tasses ou des bols remplis d'eau miellée. Les fourmis sont attirées par l'odeur et se noient, ou du moins se rassemblent au centre de la surface du liquide et y meurent à la longue. Évitez toutefois de les laisser s'accumuler pendant longtemps : on a constaté que, si l'un des insectes arrivait à pouvoir toucher la masse de ses congénères et le bord du vase, toutes les fourmis disparaissaient comme par enchantement, en se servant du pont improvisé.

On peut les éloigner à l'aide de substances dont le goût leur déplaît. — 1º On arrose par exemple les endroits infestés avec une forte décoction de feuilles de noyer. 2º On répand des feuilles de tomates, moyen simple, économique et efficace. 3º De la sciure de bois mouillée avec de l'eau ordinaire, ou, si possible, de l'eau ayant servi à laver des poissons, éloigne sûrement les fourmis des endroits où elles fréquentaient auparavant. 4º Quelques gouttes d'acide phénique ou d'essence de menthe poivrée, quelques morceaux de camphre, répandent une odeur désagréable aux insectes, qui s'enfuient. Le camphre sera enveloppé dans des morceaux de papier mouillé ; les liquides serviront à imbiber des morceaux de chiffon ou de papier. 5º Le marc de café serait assez efficace : on en saupoudre les nids et endroits fréquentés par les fourmis. 6º Placez pendant quelques jours des morceaux de citron dans une cave humide : ils se recouvrent de moisissures et répandent une odeur d'éther; on les met alors dans les pièces ou placards d'où s'éloignent désormais sûrement les fourmis. 7° Se procurer une ou plusieurs écrevisses crues et mortes, bien entendu ; on les place dans les placards où viennent les fourmis; le lendemain, il n'y en a plus une seule. L'odeur de l'écrevisse morte et entrant en décomposition les chasse. Quant à cette odeur, qu'elle ne vous effraie pas, c'est à peine si notre nez, à nous, s'en aperçoit. J'ai vu employer ce procédé par mes grands-parents lorsque j'étais enfant; je l'ai fait moi-même plus tard, il m'a toujours réussi.

On peut les empoisonner. — 1° En arrosant les fourmilières de pétrole, d'essence de pétrole, de jus de tabac;

2° Par des fumigations d'acide sulfureux ;

3° En saupoudrant les fourmilières de sel marin ; en coupant les trajets suivis par les insectes d'une petite traînée-rempart de sel;

4° En employant de même façon un mélange de borax et de sucre pulvérisés ;

5° Il suffit de verser sur leur passage ou dans l'orifice de la fourmilière une solution aqueuse d'hyposulfite de soude à 20-30 grammes par litre. (On peut employer à cet usage les vieux bains colorés de fixage pour photographie.) L'épandage ne nuit pas aux plantes; il ne doit pas être fait sur les boiseries sous peine d'en abîmer la peinture;

6° Un moyen très simple et très efficace consiste à placer, au voisinage des endroits fréquentés par les parasites, une assiette contenant quelques tranches de viande crue arrangées de façon à recouvrir une grande surface. Alléchées par l'odeur, les fourmis arrivent en masse et, au bout de quelques heures, recouvrent complètement l'assiette, qu'il suffit alors de plonger dans l'eau bouillante pour assurer une hécatombe générale. En renouvelant l'opération, on arrive à s'en débarrasser complètement ;

7° On prépare une certaine quantité de teinture de bois de Panama en faisant macérer pendant dix jours 100 grammes d'écorce de quillaya dans 500 grammes d'alcool à 90°. On verse dans une terrine 100 grammes de cette teinture, 100 grammes d'eau et 150 grammes de savon noir ; on agite jusqu'à parfaite homogénéité, puis on ajoute goutte à goutte, et en battant constamment, 100 grammes de pétrole. Au moment de l'emploi, on ajoute environ 10 litres d'eau, en versant l'eau dans l'émulsion et non l'émulsion dans l'eau, ce qui pourrait provoquer la séparation partielle du pétrole. On noie les fourmilières avec le liquide en opérant à la fin de la journée, quand toute la colonie est rentrée au bercail.

Glu.

On désigne sous ce nom une sorte de colle extrèmement tenace et poisseuse qui sert communément au piégeage des petits oiseaux.

mais qu'on peut plus utilement utiliser pour coller le bois, engluer le passage habituel des fourmis, etc.

A. On peut préparer une bonne glu en faisant bouillir doucement de l'huile de lin jusqu'à ce qu'elle soit suffisamment épaissie.

B. Faites bouillir de l'écorce de houx pendant plusieurs heures; la partie verte qui s'est alors séparée est exposée pendant une quinzaine de jours dans un endroit humide, après quoi on la triture au mortier. La pulpe ainsi préparée est lavée dans un courant d'eau, après quoi on la laisse fermenter pendant quatre ou cinq jours.

Guêpes : leur destruction.

Il faut d'abord déterminer l'endroit où gîtent les frelons, ce qui est facile en observant les allées et venues des insectes pendant la journée : on voit les guêpes chargées de butin pénétrer dans quelque trou situé le plus souvent au midi sur les talus des routes, les berges, etc. Ceci fait, on procède à la destruction du nid par divers moyens.

1° A nuit tombante, enfoncer un bâton dans l'ouverture du nid, verser 250 c. c. environ de pétrole, remuer avec une bêche, verser encore une même quantité de pétrole et mettre le feu. Pendant la flambée, on continue de remuer avec la bêche pour que toutes les guêpes et leur couvain soient grillés.

2° Remplissez à moitié une bouteille

d'essence de térébenthine et, à la nuit tombante, quand toutes les guêpes sont rentrées, bouchez simplement le trou du nid avec la bouteille débouchée. Le liquide se répand dans le nid, et le lendemain matin on trouve la bouteille pleine de guêpes mortes.

Il est bien entendu que, s'il y a plusieurs issues au nid, il faut en mettre autant de bouteilles qu'il y a de trous ; ou bien, mais c'est moins efficace, bouchez soigneusement avec de la terre les trous qui ne sont pas occupés par une bouteille d'essence.

3° Remplissez un litre avec un tiers de sulfure de carbone et deux tiers d'eau. Agitez fortement et versez aussitôt dans l'ouverture du guêpier qu'on bouche immédiatement ensuite avec une poignée d'herbes ou de terre. Opérez à la nuit tombante, en sorte que toutes les guêpes rentrées au gîte soient détruites.

Herbes parasites : *mixture pour les empêcher de pousser.*

On fait bouillir ensemble, dans 100 litres d'eau, 10 kilos de chaux vive et 1 kilo de soufre en poudre, et on tire le mélange au clair. Pour l'employer, on le mêle avec la même quantité d'eau, et l'on arrose l'endroit où l'on veut empêcher l'herbe de croître.

Il suffit encore de répandre les « cruds », résidus ayant servi à l'épuration du gaz, ces matières, quand elles sont hors d'usage, renferment d'assez grandes quantités de soufre, de chaux et quelques toxiques.

On peut enfin pratiquer de copieux arrosages avec de l'eau acidulée par au moins 25 p. 100 d'acide sulfurique à 50° B.

Pour les terrains de jeux (tennis, foot-ball), il est indiqué d'employer le sel *dénaturé*, qui, à la dose de 5 p. 1000, stérilise le sol, entretient sa dureté à la surface et est très économique ; son usage doit suivre le grattage des herbes et précéder le ratissage de propreté, de façon à incorporer le sel dans la couche superficielle au contact des semences dont il faut détruire la vitalité. L'eau météorique dissout le sel et constitue le véhicule naturel de l'agent morbide. Employer 50 kilos de sel par are, en deux épandages de printemps, et à deux ou trois semaines d'intervalle, soit 25 kilos chaque fois (première dose dans le sol, deuxième à la surface) ; répandre le sel à la main, l'opération se fait ainsi plus régulièrement. On recouvre d'une couche de sable après l'épandage du sel (épaisseur de cette couche : 5 centimètres). — Pour se procurer le sel dénaturé, on doit faire une demande au chef de poste des Contributions indirectes de la région, et à la localité la plus proche pourvue d'un entrepôt ou d'un dépôt de sels *impurs* destinés aux usages agricoles.

Lorsqu'il s'agit plus particulièrement de détruire la mousse, on peut faire usage de la suie de bois, la répandre de préférence au printemps ou en été, arroser légèrement de temps à autre, si le temps est très sec ; ou du sulfate de fer en solution à raison de 5 kilos pour 100 litres d'eau ; ou encore du sulfate de fer en neige, à répandre au printemps, par un temps faisant présager la pluie ; la dose à employer est de 4 à 5 kilos par are.

Mouches.

Tandis qu'il n'est pas très commode de détruire les mouches arrivées à l'état d'insectes parfaits, on peut aisément faire de véritables hécatombes de leurs larves : 1° parce qu'elles sont rassemblées dans certains endroits seulement : 2° parce qu'elles sont plus fragiles. Il faut donc détruire les larves, à l'aide d'antiseptiques épandus sur les lieux d'éclosion : tas de fumier, latrines, mares stagnantes.

L'*acide phénique* en solution aqueuse très diluée (1/1 000) donne de bons résultats ; on l'épand à l'aide d'un pulvérisateur.

Le *formol* est très efficace et agit même sur les mouches presque aussi bien que sur leurs larves. Il suffit d'en arroser les tas de fumier pour détruire les larves. Il suffit d'emplir à moitié avec le liquide du commerce dilué dans dix volumes d'eau quelques assiettes posées dans les chambres envahies par les mouches pour produire une véritable hécatombe de mouches.

Aux États-Unis, on donne la préférence au *pétrole* employé en pulvérisation, en remuant le fumier de façon que toutes les parties soient aspergées ; on ajoute finalement un peu d'eau, et on mélange intimement. Le fumier de cheval soumis à ce traitement ne contient plus une seule larve vivante.

En Europe, à cause de la différence des prix, il est plus avantageux d'employer le *chlorure de chaux* (« chlore » des épiciers). Dans ce cas, chaque fois qu'on ajoute du fumier frais au tas, on répand à la surface une pelletée de chlorure de chaux, et l'on mélange ensuite un peu à la fourche. On peut aussi employer le produit dans les écuries qui seraient avantageusement assainies.

Papier attrape-mouches. — Il en est de deux sortes : les uns sont recouverts d'une couche de glu poisseuse sur laquelle restent attachés les insectes qui eurent l'imprudence de venir se promener là ; les autres contiennent des poisons qui tuent les bestioles venant sucer le liquide sucré dont le papier est imprégné.

Un papier englué sera préparé en chauffant au bain-marie jusqu'à liquéfaction un mélange de 100 grammes térébenthine de Venise et 400 grammes térébenthine d'Amérique, puis en ajoutant, tandis qu'on continue de bien remuer, 200 grammes d'huile de ricin. On étale la mixture chaude sur une feuille de papier fort.

Des papiers empoisonnés pourront être

préparés par imprégnation avec une des mixtures suivantes :

A

Emétique	1 gr.
Miel	40 »
Eau	200 »

B

Acide phénique liquide	100 gr.
Goudron	50 »
Essence de pétrole	50 »
Bichlorure de mercure	1 »
Acide arsénieux	1 »

Il est bon d'ajouter en outre à ces mixtures un peu d'une matière colorante quelconque, de manière à prévenir tout regrettable accident.

Moustiques.

Il ne faut pas, disent MM. François et Rousset dans leur excellent ouvrage *Destruction des parasites*, craindre l'énorme cousin qui se balance sur ses longues pattes aux branches des haies, et qui parfois, attiré par la lumière, entre dans nos habitations. Celui-là, malgré son air rébarbatif, ne pique pas, c'est la *tipule*. Au contraire, notre ennemi est fort petit, sa piqûre est très douloureuse, non pas la blessure elle-même, mais par la liqueur, le venin, que sa trompe porte dans la plaie à l'effet de rendre plus liquide le sang et de plus facilement l'assimiler.

Ces désagréables bestioles pullulent parfois si bien dans certaines régions, à certaines époques, qu'il est absolument impossible de dormir si on n'a pas la précaution d'en débarrasser les chambres. De plus, il est tout à fait indispensable d'éviter leurs piqûres en raison des dangers de contagion pouvant en résulter : le parasite de la redoutable fièvre jaune est ainsi inoculé par piqûres de moustiques, si bien qu'on a parfaitement réussi à se débarrasser de la maladie par la seule destruction des parasites. Un grand nombre de moyens permettent plus ou moins efficacement d'ailleurs de lutter contre cousins et moustiques.

A. Les moustiques peuvent être chassés des pièces habitées par des fumigations faites avec des pastilles moulées à l'aide de la pâte suivante :

Gomme benjoin..........................	**30 gr.**
Soufre..................................	10 »
Sulfure de carbone.....................	10 »
Chlorate de potasse....................	10 »

Préparer le mélange avec précaution, en tenant compte de l'inflammabilité des constituants.

B. On se sert avec succès en Amérique d'un mélange à poids égaux de camphre et d'acide phénique cristallisé (versez l'acide fondu à feu doux sur le camphre et agitez). On fait volatiliser à l'aide d'une lampe quelconque 100 grammes du produit par 6 mètres cubes de contenance des pièces.

C. Le meilleur moyen est sûrement la

destruction des larves de moustiques, lesquelles vivent dans les eaux stagnantes : tonneaux, réservoirs, étangs, etc. Ces larves ne peuvent vivre qu'en venant de temps à autre respirer à la surface de l'eau. Or, il suffit de verser là un peu de pétrole ordinaire ou d'huile lourde de goudron pour que la couche extrèmement simple qui recouvre l'eau produise rapidement l'asphyxie des bestioles. La quantité de substance à employer varie selon la surface des eaux stagnantes : on la réglera à raison de 5 à 10 grammes par mètre carré.

Dans les pays à malaria où l'infection palustre a fait tant de victimes, la lutte ne s'est pas bornée à détruire les larves des eaux stagnantes. L'habitation aussi doit y être protégée contre l'envahissement des moustiques. Des grillages en fils de fer à mailles très serrées, des doubles portes, aident à les en éloigner. Enfin les habitants se mettent à l'abri de leurs atteintes sous d'amples moustiquaires.

	Mastic gris foncé.		Mastic rougeâtre.
Résine purifiée..	840 gr.		735 gr.
Poix noire.......	15 »		100 »
Suif de mouton.	30 »		30 »
Ocre rouge.......			30 »
Cendres tamisées.	25 »		35 »
Alcool...........	90 »		100 »

On fond résine, poix et suif dans un vase de terre ou de fer, au bain-marie si possible, puis on ajoute la cendre ou l'ocre en agitant. L'alcool n'est ajouté par petites quantités à la fois qu'après un commencement de refroidissement.

Pâtes phosphorées.

On vend sous ce nom chez les pharmaciens des mixtures très efficaces pour la destruction des parasites, rongeurs en particulier. Ces pâtes sont employées à l'état de tartines faites avec des tranches de pain. Ne pas oublier que chiens et chats pourraient fort bien y goûter, ce qui les ferait infailliblement passer de vie à trépas.

Le phosphore est une matière blanche, s'oxydant à l'air, et devant, par conséquent, être conservé sous l'eau, extrait industriellement des os. Sous la forme de phosphore « blanc », c'est un poison extrêmement toxique, surtout s'il est ingéré en solution dans l'huile, les sucs de l'estomac le précipitant alors moins facilement.

Une excellente et très vieille formule de pâte phosphorée est la suivante :

Phosphore blanc	20	gr.
Farine de seigle	200	»
Suif	200	»
Huile de noix	200	»
Sucre en poudre	250	»
Eau	400	»

On fait liquéfier le phosphore dans l'eau bouillante; on ajoute la farine, on malaxe avec une spatule (évitez soigneusement de pétrir à la main, ce qui pourrait produire des accidents), et on ajoute à la pâte refroidie le suif fondu, puis l'huile, puis le sucre.

Une autre pâte est obtenue en faisant bouillir, tandis qu'on remue constamment, 100 grammes de farine avec 100 grammes d'eau (après parfait délayage). On incorpore à la colle obtenue 75 grammes d'huile d'œillette, puis on laisse refroidir. D'autre part, on prépare dans un vase de terre, au moment de l'emploi, 15 grammes de mucilage de gomme adragante, 5 grammes d'eau, 1 gramme d'anéthol et 10 à 15 grammes de phosphore ; on chauffe avec précaution jusqu'à fusion du phosphore ; on bouche et on agite pour bien émulsionner. On mélange alors intimement la colle au liquide phosphoré, et on conserve en bocaux fermés hermétiquement par une vessie paraffine.

Poudres à faire pondre.

N'abusez jamais des poudres à faire pondre et rappelez-vous qu'une nourriture saine et reconstituante et qu'un logement d'où le froid et l'humidité sont exclus sont les facteurs les plus recommandables pour maintenir les volailles en bonne santé et obtenir d'elles une ponte régulière.

Au reste, la plupart des poudres qu'on trouve dans le commerce sont préparées à base de produits bon marché mélangés de faibles quantités de produits stimulants, ainsi bien plus efficaces. C'est pourquoi, le cas échéant, on fera bien de confectionner soi-même ces poudres.

Voici, d'après la *Vie à la Campagne*, la for-mule d'une composition, qui, distribuée avec modération, donne d'excellents résultats :

Anis en poudre......	60 gr.
Cannelle......	30 »
Fenugrec......	90 »
Sulfate de fer en poudre......	15 »
Poivre de Cayenne......	3 »

Faites du tout un mélange bien intime dont vous ajouterez la valeur d'une cuillerée à soupe dans la pâtée nécessaire à vingt têtes de volailles.

Mais ayez soin de tenir cette poudre bien au sec et n'en faites usage que lorsque le temps est vraiment froid et humide.

Autre recette, provenant de la reconstitu-tion par analyse chimique de la formule ser-vant à préparer un produit commercial très apprécié en Allemagne :

Poudre de paprika......	5 gr.
Phosphate de chaux......	5 »
Carbonate de chaux......	90 »

Le carbonate de chaux (craie pulvérisée), qu'on pourrait croire inutile, sert quand la basse-cour est située sur un sol non calcaire, pour permettre aux volailles de sécréter les coquilles de leurs œufs.

Poux : *leur destruction.*

Poux de l'homme. — Les poux ne se trouvent guère que chez les personnes malpropres : un peu de propreté suffit le plus souvent à s'en débarrasser. Il en existe divers genres parasites de l'homme : pou de la tête, facile à remarquer par ses œufs ou lentes, qui adhèrent aux poils ; pou du corps, qu'on détruit par application de pommade mercurielle, d'eau de Cologne, d'huile camphrée.

Les préparations mercurielles surtout sont efficaces.

Après l'emploi de ces préparations, un large nettoyage à l'eau de savon est nécessaire pour éviter les accidents d'hydrargyrisme. Pour se débarrasser des lentes, il ne faut pas hésiter à faire couper les cheveux.

Contre les invasions de poux, on emploie avec succès des lotions avec une mixture composée de :

```
Formol à 40 %.........................  10 cmc.
Acide acétique........................   5  »
Eau de Cologne................  100 à 200  »
```

En trois minutes, insectes et œufs sont détruits.

Poux des animaux. — Pour les détruire, le vétérinaire allemand Steber conseille d'employer le remède suivant : On mélange, en les agitant dans un flacon, des volumes égaux de pétrole et d'huile de lin. On imbibe de ce produit un chiffon de laine et on en frictionne les parties de la peau envahies par les parasites, lesquels sont rapidement tués. On peut renouveler l'application au bout de quelques jours ; on nettoie finalement la peau en frottant avec du savon gras et de l'eau chaude. Les poils ne souffrent aucunement du traitement.

Puces : *leur destruction*.

Le formol est très efficace, sinon contre les puces elles-mêmes qu'il est presque impossible d'empoisonner. du moins contre leurs larves qui vivent dans les rainures du plancher, les interstices des meubles. On assure leur destruction en pulvérisant un mélange de :

        Formol du commerce à 40 %.......... 200 cmc.
        Essence de térébenthine.............. 100 »

Punaises.

Comme le fait très justement remarquer M. Guitel dans le *Bulletin de la station entomologique de Rennes*, les punaises déposent leurs œufs dans les fentes des boiseries, des parquets, dans toutes les fissures des meubles, sous les papiers de tenture, etc. ; il faudra donc supprimer tous les refuges où peuvent s'abriter leurs larves, par conséquent entretenir les parquets en très bon état de propreté, les passer au lait de cire et à l'encautisque très liquide.

Remplir de mastic ou de peinture toutes les fentes des murailles et du plafond. Ne pas hésiter, à l'occasion, à enlever les papiers de tentures et laver les murs, à deux ou trois reprises différentes, avec de l'essence minérale ou de la benzine, avant de replacer le papier. Bien appliquer les plinthes contre les murailles afin qu'il ne reste aucun passage.

En ce qui concerne l'ameublement des pièces, il faut, de toute nécessité, démonter les meubles et surtout les lits, désinfecter chacune des parties en les plaçant pendant 20 minutes dans une étuve sèche à 80 degrés, ou dans un four de boulanger si l'on n'a pas d'étuve à sa disposition.

Pour les lits en fer, si l'on ne veut pas en soumettre les diverses pièces à l'étuve, on peut se contenter de les flamber après les avoir enduits de benzine ou d'essence minérale, de manière à tuer par la chaleur tous les parasites qu'ils peuvent renfermer.

Même lorsqu'on aura pris tous ces soins, il est rare qu'on soit débarrassé du premier coup des punaises; il faut persister et continuer le traitement à intervalles assez rapprochés (toutes les semaines par exemple), jusqu'à ce qu'on soit bien assuré de la disparition des parasites, surtout pendant l'été.

Dans l'intervalle de ces traitements généraux, il ne faudra pas négliger de recourir à l'action des insecticides. Le liquide le plus efficace de tous est évidemment la benzine ou l'essence minérale (lavage des murs et des parquets); seulement, comme ces liquides sont très inflammables, il ne faudra les employer qu'avec les plus grandes précautions et loin de toute flamme.

D'excellents résultats sont obtenus aussi par l'emploi d'une solution saturée de phénol dans l'essence de pétrole.

Enfin on peut encore utiliser le gaz sulfureux obtenu par la combustion du soufre ; on fera brûler, dans les pièces envahies par les punaises, un mélange de soufre et de salpêtre bien sec, calculé à raison de 30 grammes de soufre et 20 grammes de salpêtre par mètre cube d'air.

Les vapeurs d'anhydride sulfureux, pour être efficaces, doivent agir pendant très longtemps (24 heures environ) : il faudra, au préalable, enlever tous les objets qui pourraient être détériorés par les vapeurs sulfureuses : tapisserie, tableaux, etc.

Pour détruire les amas d'œufs des punaises, faites pénétrer, à l'aide d'un pinceau, de l'essence minérale ou de la benzine dans les fentes du parquet, des boiseries murales, des lits, etc.

Enfin, là où on ne peut, ou si l'on ne veut pas employer l'essence, insuffler de la poudre à punaises (poudre de pyrèthre) dans les fentes des meubles et des boiseries. Ne pas oublier que cette poudre n'a d'action que si elle est très fraîche ; de plus, comme son prix est assez élevé, on la falsifie souvent avec des substances inertes, ce qui rend, cela se conçoit, son emploi tout à fait inefficace.

En résumé, le passage à l'essence minérale ou à la benzine donnera les meilleurs résul-

tats dans tous les cas où la désinfection à
l'étuve sera impossible. Mais, comme les
œufs pourraient résister à ce traitement, il
est de toute nécessité de le renouveler tous
les huit jours ou plus, surtout en été, pour
tuer les larves avant qu'elles ne soient elles-
mêmes aptes à la reproduction.

Le pétrole peut remplacer l'essence. Il a
l'avantage d'être moins dangereux, mais l'inconvénient de ne disparaître que beaucoup
plus lentement.

Petits rongeurs : *leur destruction.*

Rats, souris, campagnols, et en général
tous les rongeurs, peuvent être combattus
par empoisonnement effectué à l'aide d'une
des mixtures suivantes :

A. Façonnez en boulettes une pâte composée de :

Mie de pain...	125 gr.
Beurre...	60 »
Bichlorure de mercure...................	30 »

et placez aux endroits fréquentés par les
rongeurs.

B. Faites bouillir pendant trente à qua-
rante minutes 1 kilogramme de noix vomique
dans 10 litres d'eau additionnée de 10 grammes d'acide tartrique. Ajoutez un peu d'eau
au fur et à mesure de l'évaporation. Au bout
de ce temps, ajoutez 10 kilogrammes de blé
et bien remuer le tout.

Les grains ainsi empoisonnés sont employés à la dose de 3 à 10 kilogrammes par hectare (suivant la quantité présumée des rongeurs).

Comme tous les poisons, la noix vomique peut être dangereuse pour les animaux domestiques et le gibier. Il importe donc de bien verser le grain dans les trous des rongeurs plutôt que sur la surface nue du champ.

C. On leur fait manger du pain empoisonné à la baryte, qu'il est facile de préparer avec un mélange de 80 grammes de farine de blé de seconde qualité et 20 grammes de carbonate de baryum précipité. Après avoir ajouté la quantité nécessaire de levure et fait lever la pâte, on fait cuire de manière à obtenir un pain sec et dur. Comme les sels de baryte n'empoisonnent pas que les rats, on devra faire le mélange dans un pétrin spécial et se laver soigneusement les mains après pétrissage.

Au moment de s'en servir, on coupe le pain en petits morceaux de la grosseur d'une noisette; on fait tremper dans du lait écrémé, parfumé au besoin par quelques grains d'anis. On place aux endroits fréquentés par les souris, rats ou campagnols.

D. On peut employer du pain ordinaire. On pétrit 1 kilogramme de mie en miettes (prenez du pain bien sec) avec 50 grammes de sucre et 250 grammes de carbonate de baryte et un peu d'eau. On façonne en boulettes finalement mises à sécher.

TABLE DES MATIÈRES

Saint-Germain-lès-Corbeil. — Imp. Willaume.

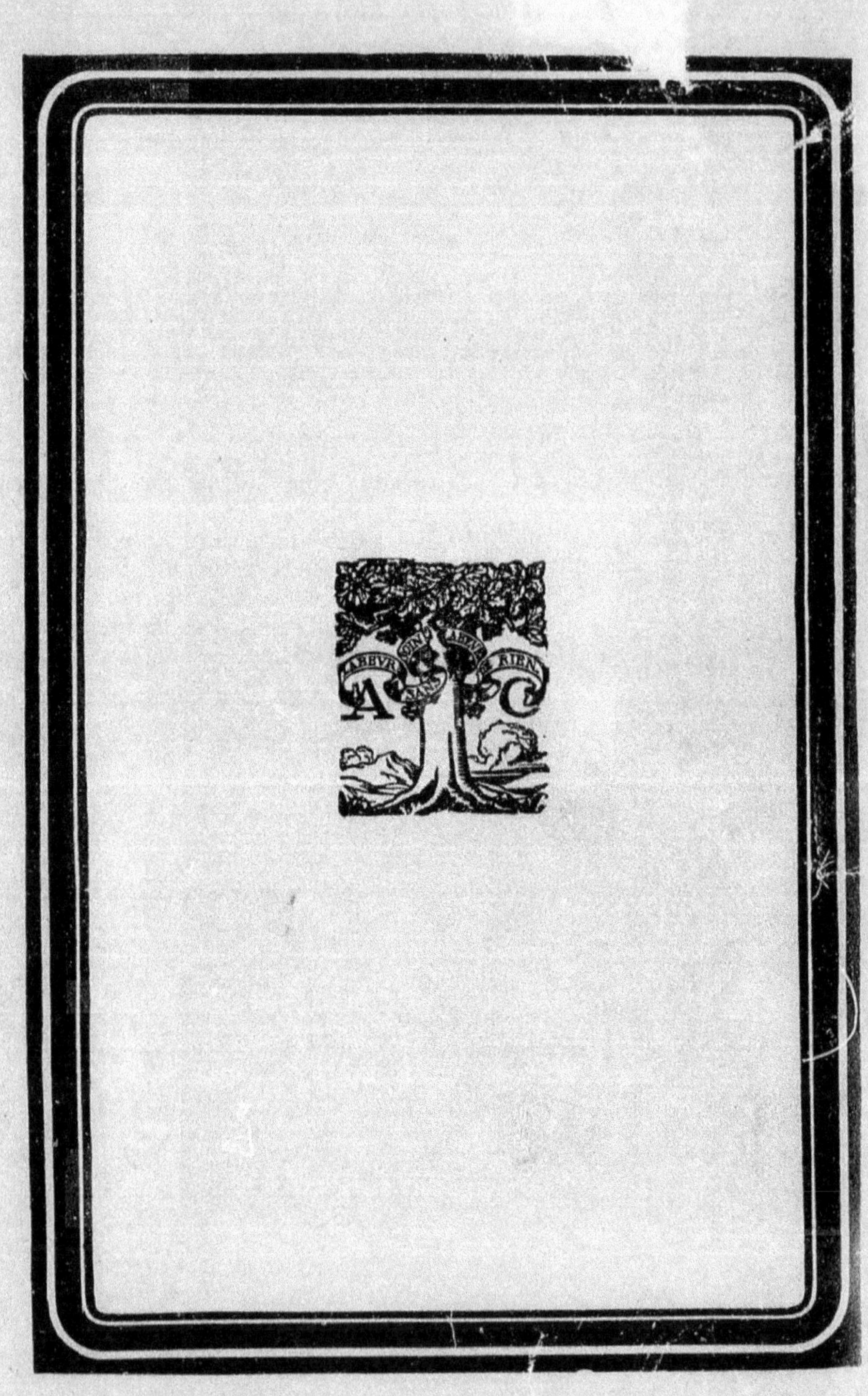

Bibliothèque nationale de France - Paris

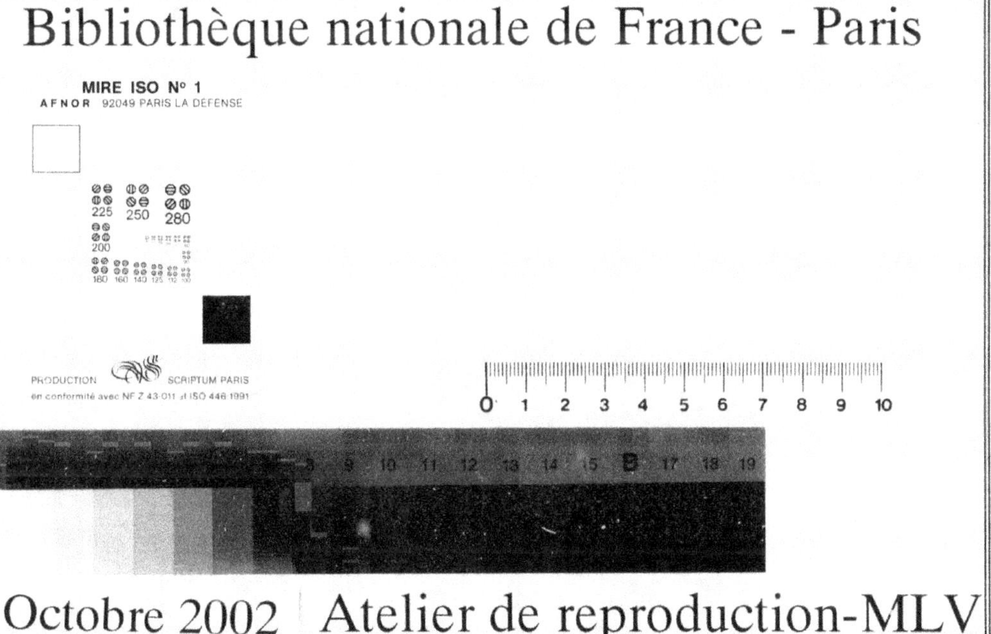

Octobre 2002   Atelier de reproduction-MLV

www.ingramcontent.com/pod-product-compliance
Lightning Source LLC
LaVergne TN
LVHW012003180726
843502LV00005B/1523